魔法のように人づき合いがラクになる

# 繊細さんの心理学

目白大学社会情報学科専任講師
藤巻 貴之

白夜書房

参考文献

American Psychiatric Association(著), 髙橋三郎, 他(監訳). 『DSM-5-TR　精神疾患の診断・統計マニュアル』. 医学書院 ; 2023.

Aron, E. N., & Aron, A. (1997) Sensory-processing sensitivity and its relation to introversion and emotionality. Journal of Personality and Social Psychology, 73, pp.345–368. https://doi.org/10.1037/0022-3514.73.2.345

Iimura, S. (2021). Highly sensitive adolescents: The relationship between weekly life events and weekly socioemotional well-being. British Journal of Psychology, 112, 1103-1129. https://doi.org/10.1111/bjop.12505

平本あきお, 前野隆司(2022). 『ドラー心理学×幸福学でつかむ! 幸せに生きる方法』. ワニブックス.

飯村周平(2022). 『 HSPの心理学科学的根拠から理解する「繊細さ」と「生きづらさ」』. 金子書房.

クリストファー・ピーターソン(Peterson, C.)(2006)　「ポジティブ心理学入門 :「よい生き方」を科学的に考える方法, 春秋社, (宇野カオリ訳), pp.159-166.

マーティン・セリグマン(Seligman, M. P. E.)(2014)　「ポジティブ心理学の挑戦 -"幸福"から"持続的幸福"へ-」 ディスカヴァー・トゥエンティワン.

高橋亜希(2016). Highly Sensitive Person Scale日本語版(HSPS-J19)の作成. 感情心理学研究, 23, 68-77.

武田友紀(2018). 『「気がつきすぎて疲れる」が驚くほどなくなる「繊細さん」の本』. 飛鳥新社.

# はじめに

この本を手に取っている方は、日々の生活に少し生きづらさを感じているのではないでしょうか。現代社会のなかで、この生きづらさを解消するのはなかなか大変だと思います。なぜなら、その原因の幅は広いからです。

勉強ができる人にはできる人なりの、人とのコミュニケーションが好きな人には好きな人なりの、人づき合いが苦手な人には苦手な人なりの不安や悩みがあります。それぞれは解決したいと強く願うものですが、一方でほかの人からすると「気にするほどのことではない」と受け取られてしまうことも多くあるのが厄介なところです。

例えば、あなたがなんらかのことで悩んでいて、それを友人に打ち明けたとしましょう。その時、その友人が別のことで悩んでいたりすると、「そんなこと気にしなくてもいいじゃん。わたしなんか……」と話題を変えられてしまい、言いたかったことが言えなくなって、逆にモヤモヤがつのる結果になってしまった……。

このような展開は多くの人が経験するもので、それがストレスの原因となっていることも想像できます。

これほど複雑に生きづらさの原因が絡み合う現代社会は、「少しでも自分らしさを出しながら生きたい」と願うわたしたちにとって、険しい環境かもしれません。

最近では、「繊細さん」と言われるHSP（ハイリー・センシティブ・パーソン）の人の話をよく耳にします。繊細さんは感受性が高く、何事にも敏感に反応してしまうという特性を持つ人を指しますが、こうした人たちの中には、特に生きづらさを感じている人もいるでしょう。

しかし、繊細さんの持つ特性は決してマイナス面だけではないはずです。少なくとも心理学の世界ではそのように理解されているので、この本を通してそれをお伝えしていきたいと考えています。

この本は、不安や悩みをかかえた繊細さんの気持ちが、少しでも楽になればと思って手掛けました。繊細さを強みに変えて物事を適切に理解し、それを日々の生活に生かしてもらえるとうれしいです。

また、繊細さんが社会生活を送る上で役立つテクニックに、根拠を与えることも意識しました。この本を読んでいただければ、次の4つを手にしていただけるはずです。

1 繊細さん（HSP）に関する正しい知識を得られる
2 人の行動から、その意図を読み解くためのテクニックを知ることができる
3 自分から相手の行動を引き出すためのテクニックを知ることができる
4 ほかの人に潰されない自分を作るための知識を得られる

「繊細さんが自分らしく生きるためにも、心を軽くしてほしい」。

そう考え、そのお手伝いをしたいというのが、今のわたしの願いです。

Contents

# Technique 2 簡単に仲良くなる方法

Technique 3

## 人を上手にコントロールする

Epilogue

Cover Illustration by Yukiko Ohtsuka

話しすぎちゃったかな…
明日、聞いてみよ…
ぐいっ

# 人はそれぞれに個性があるからおもしろい
# 「繊細」という個性の生かし方

繊細さんとはどんな人なのか?
その個性をどう生かすべきなのか。心理学研究の視点から簡単にわかりやすくお話します。

Prologue

## 繊細さんの特性ってどんなもの？

繊細さんの特性は、ＨＳＰ（ハイリー・センシティブ・パーソン）と考えられています。ＨＳＰは、心理学者のエレイン・アーロンが1996年に紹介したことで世の中に広まりました。注意してほしいのは、ＨＳＰは精神的な疾患ではないということです。精神疾患の診断に用いられる「ＤＭＳ（精神疾患の診断・統計マニュアル）」という世界的な基準には、ＨＳＰは入っていません。

心理学の研究では、ＨＳＰは「環境感受性（もしくは感受性）」という言葉が用いられます。

日本では、飯村周平がＨＳＰについて「環境感受性が高く、身のまわりからの影響をポジティブにもネガティブにも受けやすい性質」と説明しています。

## あなたのＨＳＰレベルをチェック

アーロンはＨＳＰの度合いを調べるために、次のページのような19の項目を作成しました。「まったく当てはまらない（1点）」から「非常に当てはまる（7

点）」で点数を付けていき、その平均点を割り出すことでＨＳＰの度合いがわかるというものです。

ここでわかるのはＨＳＰの度合いの強弱であり、「この点数を越えているからあなたはＨＳＰ。越えていないからＨＳＰではない」という判断をするものではありません。それを頭に入れながら、自己採点をしてみてください。

〔**ＨＳＰレベルチェック表**〕

①強い刺激に圧倒されやすいですか？
②他人の気分に左右されますか？
③痛みに敏感になることがありますか？
④忙しい日々が続くと、ベッドや暗くした部屋などプライバシーが得られ、刺激の少ない場所に逃げ込みたくなりますか？
⑤明るい光や強いにおい、ごわごわした布地、近くのサイレンの音などにゾッとしやすいですか？
⑥豊かな内面生活を送っていますか？
⑦大きな音で不快になりますか？
⑧美術や音楽に深く感動しますか？
⑨自分に対して誠実ですか？

⑩ビクッとしやすいですか？
⑪短時間にしなければならないことが多いとオロオロしますか？
⑫一度にたくさんのことを頼まれるとイライラしますか？
⑬いろいろなことが自分のまわりで起きていると不快な気分が高まりますか？
⑭生活に変化があると混乱しますか？
⑮微細で繊細な香り・味・音・芸術作品などを好みますか？
⑯一度にたくさんのことが起こっていると不快になりますか？
⑰大きな音や雑然とした光景のような強い刺激がわずらわしいですか？
⑱競争場面や見られていると緊張や動揺のあまり、いつもの力を発揮できなくなりますか？
⑲子供の頃、親や教師はあなたのことを「敏感だ」とか「内気だ」と見ていましたか？

出典：高橋亜希(2016). Highly Sensitive Person Scale日本語版(HSPS-J19) の作成. 感情心理学研究, 23, 68-77.より作成

## ＨＳＰの特徴から見える悩みの原因とは？

ＨＳＰの度合いには、次の３つの要素があると言われています。

●易興奮性（いこうふんせい）…刺激に対する反応のしやすさ
●低感覚閾（ていかんかくいき）…刺激に対する気づきやすさ
●美的感受性（びてきかんじゅせい）…音楽や芸術などからの影響の受けやすさ

この中でも、易興奮性と低感覚閾はネガティブに作用します。刺激に対して反応しやすく、またわずかな刺激にも気づきやすいということですね。

ここからわかるのは、ＨＳＰの度合いが高い人は心理的な負担を感じやすいと言うことです。

さらにアーロンらは研究を通して、ＨＳＰの気質を「ＤＯＥＳ（ダス）」という４つの要素で説明しています。

●Ｄ（Depth of Processing）…刺激に対して深く考える
●Ｏ（Ease of Overstimulation）…刺激の受け取りやすさ

●E（Increase Emotional Reactivity and Empathy）…
共感的・情緒的な反応の強さ
●S（Greater Awareness of Environmental Subtleties）…
わずかな刺激に対する気づきやすさ

これらの要素が影響し合った結果として、繊細さんは心も体も疲れ切ってしまうのです。「気づくからこその苦悩」と言えるでしょう。

## 繊細さんは変われない？

世の中には、さまざまなスキルトレーニングがあります。

コミュニケーションに関しても、トレーニングを行うことで、適切なコミュニケーションを取ることができるようになりますよね。

繊細さんの感受性においても、同じように考えることができるのでしょうか？

残念ながら、感受性はトレーニングで大きく変化させるのは難しいと考えられています。

一見すると繊細さんにとって、つらい現実かもしれません。

ただ、見方を変えれば、「そもそも感受性が強いのは、みずから望んで得たものではない」ということ。

わたしとしては、この事実を受け入れることで、繊細さんなりの人との関わり方を考えられると思っています。

## 「気づきすぎる」を上手に対処する

HSPに関する日常生活への影響ですが、研究としての情報量はまだまだ足りていません。

しかし、HSP気質が強い人は、日常での出来事の影響を良くも悪くも、大きく受けることは間違いないでしょう。

飯村周平が行った研究に、大学生に1週間の出来事を挙げてもらい、それぞれの出来事から「いい影響を受けたか」または「悪い影響を受けたか」を評価してもらうというものがあります。

それを4週間続けて行った結果、感受性の高い人ほど最近1週間の出来事による影響によって、その1週間の精神的健康が変化しやすいという傾向が見られました。

感受性の高いHSPの人は、そうでない人に比べて日常での出来事の影響を受けやすいことを改めて示しています。

この研究結果から私がお伝えしたいのは、感受性の高い人だからこそ、自分にとっていい環境で生活するよう心がけてほしいということです。

感受性は、心地よい音楽を聴いたり、好きな映画を見たり、気になる本を読んだりすることで、意図的にポジティブな方向に進めることができます。

誰かが作ったムードや空気感に頼るのではなく、自分で環境を整え、心地いいと思えることをしてみてください。

## 繊細さんは生きづらい？

ここまでの内容から、繊細さんは外部からの刺激に敏感に反応するがために、生きづらい人だと思われるかもしれません。

だからと言って、それがすべてデメリットになるわけではないので安心してください。

わたしは繊細さんの特性を上手に使うことで、メリットに変えることができると思っています。

現代社会では、多くの人が人との関わり方、情報との関わり方、新しい価値観などとバランスを取りながら生活しています。

人それぞれに苦労や負担があるため、一部の人たちだけが生きづらいと言い切ってしまうのはナンセンスではないでしょうか。

## 人それぞれに個性があるからおもしろい

わたしたち人間には個人差があり、それを個性や性格と表現します。

性格は、その人の内面的な傾向や行動パターン、感情の反応パターンなどを指し、時間や状況だけではあまり変わらないものとされています。これを「パーソナリティ」と言います。

個性は、その人が持っているほかの人とは違う特徴や特性を指します。行動、思考、感情、態度などをまとめたもので、「キャラクター」とも言います。


しかしながら、「個性的」という言葉は、ときにわたしたちを苦しめることがあります。

独特な服装や思考、行動パターンを「○○さんって個性的だよね」と言うことがありますが、人によってはそれをネガティブな意見だと感じます。

繊細さんも自分の個性的な部分を、ネガティブなものと決めつけてしまったかもしれません。しかし、それはもったいない……。

人とつき合うのが得意なのも個性、苦手なのも個性。それは善悪では分けられません。その事実を受け入れること、その特性を理解することが、次への第一歩となると思っています。

## 思考と行動はどうつながる?

心理学において、思考と行動の関係については、さまざまな議論が行われてきました。その中で「感情」の話も興味深いと思います。

人が泣くことについて、キャノン・バードの「泣くから悲しい」という説、ジェームズ・ランゲの「悲しいから泣く」という説があり、これらは感情はどこから生まれるのか考えたものです。

嫌なことを言われたなど、外からの刺激に対して、「泣くという行動によって悲しいという感情が生まれる」と考えたのがキャノン・バード説。一方でジェームズ・ランゲ説は、外からの刺激によって「悲しい感情が生まれ、その反応として泣くという行動が表れる」と考えています。

心理学における行動と思考の関係は、お互いに影響し合うと考えられているからです。

思考が行動に影響を与え、逆に行動が思考を変えることもある。この2つの側面を理解することが、人間の行動や心理状態をより深く理解し、改善するための鍵になるでしょう。

人が行動を起こすためにはエネルギーが必要になり、それをモチベーション（動機づけ）と言います。ここではわかりやすく、”やる気“と考えることにしましょう。

高いモチベーションを持っている場合、取り組むスピードや作業のクオリティーが上がります。いわゆる「フットワークが軽く質も高い」状態ですね。

そのため、学校でも職場でも、「やる気を出そう」と言うことがありますよね。また、うまくいかなかった理由を、やる気のなさにすることもあります。

わたしとしては、根性論だけでは解決できないことも多くあると思っているので、この考え方は好きではありません。

モチベーションは無限ではなく、「燃え尽き症候群」のようなことも起こりますので、メリハリをつけるなど、やる気をコントロールできるようになることも大切です。

## 「まずは動く」を意識してみよう

「モチベーションがなくなってやる気が出ない」。そんな時は、頭を空っぽにして行動してみることです。

わたしたちは、正しい行動や失敗しない行動をするために先まわりして考えるのですが、考えすぎると自分の行動を制限してしまうことになります。

わたしも大学の授業で、「まずは行動してみましょう」という話をするのですが、学生は不安そうな顔をします。「失敗したらどうしよう」という考えが頭の中を駆けめぐっているのでしょうね。繊細さんは、ほかの学生以上に「失敗するリスク」にたくさん気づいてしまうため、考え込んで動けなくなってしまうかもしれません。

自分の話で恐縮ですが、わたしは一時期、自転車が趣味でピチピチのウェアを着て、ロードバイクに乗って練習にはげんでいました。

しかし、いつも練習に対して前向きだったわけではありません。「雨が降るかも」「道路が濡れている」「風が強いから」など、気がついたら練習に行かない理由ばかりを考えていました。

でも、思いきって出かけてみると、風は気持ちいいし、体を動かして汗を流すことで気分もよくなります。

出かけるまではグズグズしていたのに、「何を悩んでいたのだろうか」と思ってしまったほどです。

わたしはその時から、迷う気持ちが出てくる前に動くようになりました。楽観的に考えて、気軽に出かけるようになったとも言えるかもしれません。

## 楽観性や悲観性もパーソナリティ

楽観性（オプティミズム）とは、物事を前向きにとらえる傾向が高い特性です。楽観的な人は、困難な状況でも前向きになれる部分を見つけ、ポジティブなエネルギーに変えるようにします。モチベーションを生み出す燃料が多いということにもなりますね。

ただ、楽観的すぎるとリスクを小さく考えるようになるというデメリットも生じます。慎重さがなくなり、無計画な行動も目立つように……。

悲観性（ペシミズム）とは、物事を否定的にとらえる傾向が高い特性です。悲観的な人は、リスクや問題を正しく認識して、慎重に計画を立てることができるため、結果としてトラブルや失敗を未然に防ぐことができます。

さらに、ネガティブな結果を避けるための努力も怠らないので、一定のモチベーションを保ち続けることができます。

ただ、もちろん悲観性にもデメリットがあります。悲観的な考え方を続けていると、ストレスや不安を必要以上に抱えるリスクが高まり、精神的なバランスを崩してしまうのです。

またチャレンジ精神がなくなって成長のチャンスを逃してしまったり、周囲にネガティブな影響を与えて、結果としてほかの人との関係を悪化させてしまうという可能性もあります。

## 「繊細」という個性の生かし方

わたしたちは、それぞれがさまざまな個性を持っていて、その組み合わせでひとりの人として成り立っています。だからこそ自分の個性を受け入れ、それを強みとして大切にする必要があるのです。

先に説明したDOES（ダス）を思い出してみましょう。

HSPの持つ特性を4つの要素に整理したもので、「刺激に対して深く考える」「刺激の受け取りやすさ」「共感的・情緒的な反応の強さ」「わずかな刺激に対する気づきやすさ」というものでしたね。

これらのことから、繊細さんが持つ強みについて考えてみましょう。

ＨＳＰの特性は、一般的には敏感さや繊細さから来るものが多いので、次のような強みが挙げられます。

**●高い共感力●**
ほかの人の感情や気持ちを深く考えることができるため、相手の立場や感情を理解し、共感する能力が非常に高い。この強みを発揮することで、信頼される存在になることができる。

**●深い洞察力●**
まわりの環境や状況をつぶさに観察し、細かい変化に気づくことができる。問題解決やクリエイティブな考え方をする時に効果的で、優れた結果につなげることができる。

**●豊かな感受性●**
美術、音楽、文学など感覚的な体験を深く味わい、それを通じて強い感動を覚えることができる。その感受性の高さを活かすと、クリエイティブな分野でオ能を発揮することも可能。

**●強い倫理観●**

公正さや正義感が強く、自分だけでなくほかの人に対しても誠実であろうとする。この強みを生かして、信頼できるリーダーや相談相手になることができる。

**●細部への注意力●**

小さなディテールにも気を配ることができる。この強みを生かすことで、精密さが求められる仕事やプロジェクトで優れた成果を上げることが期待できる。

いかがでしょうか？

気にしすぎる、過敏さ、過剰反応、繊細さといった要素を並べたDOESに、ネガティブな要素が多いと感じた人もいたと思います。

しかし、それらを上手に強みに変えることで、ほかの人以上の力を発揮できる可能性を秘めていることがわかったのではないでしょうか。

# 繊細さんが心理学を理解すると楽になるわけ

わたしは大学で、心理学関連の科目を教えています。この本を読んでいる繊細さんの中にも、心理学を学んだことがある人がいるかもしれませんね。

授業の中で、わたしは「心理学は人を幸せにする学問です」と伝えています。

ここまで、ＨＳＰの特徴を説明しながら、繊細さんだから生きづらいというわけではないこともお伝えしてきました。

繊細さんの中には、自分で自分を追い込んでしまっている人もいるかもしれませんが、心理学の知識がみなさんの心を軽くできると信じています。

特に心理学の知識は、相手の様子を観察して読み取ることが大切です。まさに繊細さんの強みとピッタリだと思いませんか？

次章からは、繊細さんだからこそ使いこなせる心理学テクニックを紹介していきます。

まずは無理をせずにできることから試してみて、あなたの持つ繊細さを少しずつ強みに変えていってください。

パーティーはニガテ…
あそこに座ったら
きっと大丈夫…！
↑この人、中心人物

# 見るだけで相手の気持ちを読み取る

Technique 1

相手と直接やり取りをしなくても、相手の気持ちを読み取ることができるテクニックをご紹介。人づき合いに苦手意識のある人は、まずここから始めてみてはいかがでしょうか。

# 手や腕の動きで読み取るこころのバリア

## 手の動きで見える心の内

考えごとをしている時に、口やあごを触ったりすることはありませんか？　手の動きは私たちが思っている以上に繊細で、心の状態を映し出します。そのため、向かい合っている相手の手が体のどこを触っているかで、気持ちを読み解くことができます。

例えば、笑顔ではない人の手が口もとにある時は、不安を感じています。手でほおを触っている人、髪の毛を触っている人、クルクルと巻くような仕草をしている人は、考え事をしているような状態であることが多いです。

同じように腕組みも不安の表れになります。力強さを表しているとも受け取れますが、実は胸の前に腕で壁を作ることで、自分の中にある不安な気持ちを表に出さな

机に手を置いているのはリラックス状態。ただし、手を固く握っていたら拒否の要素が含まれる。

あごや口もとに手を置くのは不安の表れ。疑いやごまかしなどの感情を持っている場合も。

いようにしているのです。

攻めているように見えて、本当のところは守りの姿勢になるわけですね。ここで繊細さんならではの〝気づき〟を最大限に生かして、相手の心理状態を正しく読み取ればしめたもの。

持ち前の観察力を発揮して相手の仕草で気持ちを読み取り、「この人も不安に思っていることがあるんだなぁ」と解釈することで、「さっきコンビニで見つけたお菓子なんですけど、打ち合わせしながら食べませんか?」というような気づかいができるようになります。

相手の心を先読みした対応で、円滑なコミュニケーションを目指してみてください。

相手との壁を作っている不安を表す仕草。受け入れにくい話題などで出やすい。

ほおに手を当てるのは考えている時。相手の意見が出るまで待ってみるのもアリ。

# 目線の先にある頭の中

「おいしいレストランを見つけたの。今度一緒に行こう」

友人からそう誘われたあなたが「どんなお店？」と聞き返したら、その友人は右斜め下を見ながら思い出してはいろいろと教えてくれました。

このように人は何かを思い出そうとしたり、考えごとをしている時に、ある方向を見る傾向があります。

友人が右斜め下を見ていたのは、それが「体で覚えた記憶をたどっている時」であり、記憶を思い起こして伝えてくれようとしていたのです。

上を向いている時は気になっていることについて考え

## 目線の方向とイメージ

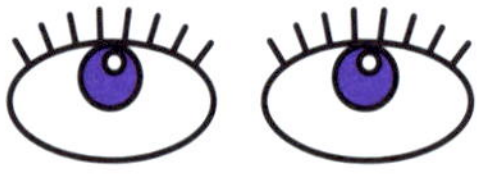

考えたり思い出そうとしている状態。興味や疑問を持った時の反応。

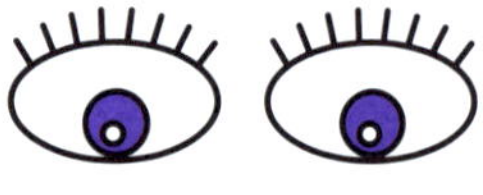

自分の思考や感情と向き合っている状態。落ち込んでいる場合も。

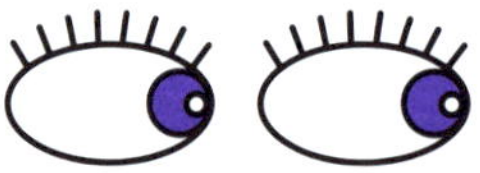

音を頼りに記憶を思い出そうとしている状態。

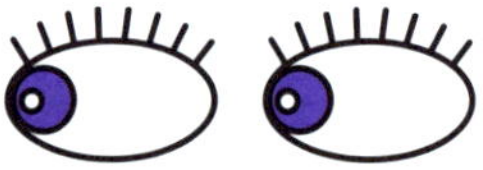

頭の中で映像などをイメージしている状態。

目の動きはあなた視点

ている状態、下を向いている時は自分の感情と向き合っている状態、右斜上を向いている時は未来のことを想像したり計画したりしている、というふうに見ることができます。つまり、下を向いている人には、話しかけないほうがいいということです。

意を決して話しかけた時に「考えごとしているからあとで来て」などと言われると、相手が何気なく言ったひとことだとしても、言われたほうは傷ついてしまいますよね。

気持ちのいいコミュニケーションができるように、話しかける前には、目線の先を読むようにしましょう。話しかける時に相手の視線がどこを向いているかで、「今なら大丈夫」「時間を改めよう」という判断ができるようになります。

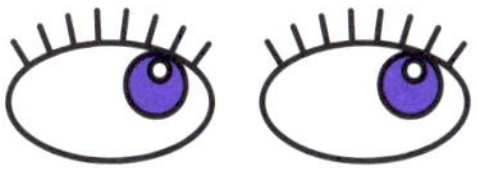

人の顔や景色など、目で見た記憶を思い出そうとしている状態。

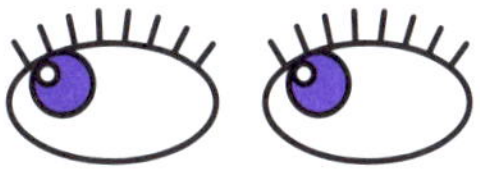

未来のことを思い描いている状態。嘘をつこうとしている場合も。

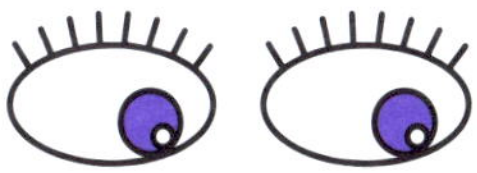

自分自身に問いかけるように、じっくりと思案している状態。

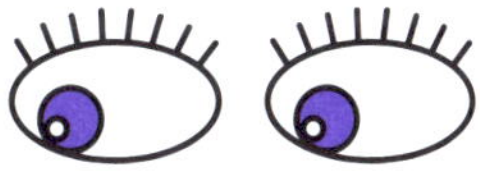

触れたものの感触や食べ物の味などを思い出そうとしている状態。

# 口もとで感情を読み取って危険回避

## 口もとでわかる気持ち

打ち合わせの時間が近くなったため、エレベーターで移動しようとしたあなた。エレベーターのドアが開くと、部署の先輩が広角を少し下げていました。この時の先輩はどんな感情だったと思いますか？

怒っている？　喜んでいる？　悲しんでいる？　正解は「悲しんでいる」です。

学術的な研究により、人の感情は「怒り」「嫌悪」「恐怖」「幸福」「悲しみ」「驚き」の6つに分類されるようになりました。そしてそれぞれの感情は、口角の上げ下げをはじめとした、おもに口もとの形で読み解くことができるのです。

**怒り**
口を堅く結んでいるのは怒りの表情。拒否の感情でもある。

**嫌悪**
口を尖らせるような状態は嫌悪。不快感を持っている状態です。

**恐怖**
口が半開きになっているのは、恐怖を感じている状態です。

また相手の口もとを見ることは、こんなシーンにも活用することができます。

「廊下を歩いていたら、会議室から上司が出てきた。口もとを見ると……真一文字に結んでいる。打ち合わせがうまくいかずに怒っているようだから、このまますれ違おうとすると、とばっちりを食らうかもしれない」

そんな時は、トイレや給湯室に逃げ込めれば、余計な怒りを回避することができるでしょう。反対に口角が上がっていれば幸福な気持ちのサインなので、近づいていけばコーヒーでもおごってもらえるかもしれません。

よく「話す時は目を見ましょう」などと言われるので、わたしたちは相手の表情の中でも目を見ることを優先しますが、向かい合っているとき以外のシーンでは、口も見るように心がけてください。

**驚き**
口を開いているのは驚きの表情。大きく開いているかがポイントです。

**悲しみ**
口を閉じて、口角が下がっていると悲しみの感情を持っています。

**幸福**
口を開けて口角が上がっているのは幸福。笑顔もこの中に入ります。

# 頭の動きでわかる心の中

## 頭の動きから読み取る感情

私たちは会話をしている時、相手のさまざまな部分を気にしますが、頭の動きも大きな情報として受け取っています。

もし相手が会話をしながら首を傾げていたら、真剣に考えを巡らせながら、疑問や不審などを感じている状態です。話の内容に興味がないのではなく、「何かが引っかかって考え込んでいる」のかもしれません。

否定を表す動きではありますが、この場合は、話を切り上げるよりも、よりしっかりと補足説明をするような対応を取るのが良いでしょう。

反対に、あなたの話に相槌を打つように頷いている場合は、同意や共感の感情を持っている証拠。好意的なメッ

首を傾げているのは疑問や不審の表れ。話の内容には興味を持っていて、真剣に考えている。

頷きは同意や共感を示している。好意的な感情を持っていると考えられる。

セージなので、安心してその人とコミュニケーションを続けてください。

相手が頭を下げて俯きがちだったら、それは不安や自信のなさの表れです。心配事を抱えているかもしれないので、「何かあった?」と声をかけてみてください。

人間の頭は、目線や手の動きなどとは違って、サイズが大きいので、動きも大きくなりがちです。そのため、相手が遠方にいる場合や、大人数が参加していて距離が遠い会議の場など、細かな部分が確認できないような場面で特に役立つ情報となります。

頭の動きから相手の様子をうかがって大まかな感情を掴み、それから別の部分を観察して確度を高めていく使い方もおすすめです。

頭の動きは遠目でも確認しやすいので、最初にチェックする場所とするのがオススメ。

俯き加減で下を向くのは不安や自信がない時。何かしらフォローが必要な可能性も。

# 足が語りかける精神状態

思い出してみてください。あなたのまわりの人たちは、どのように椅子に腰掛けていますか？　座った時のまま床に足をつけている、足を大きく広げている、片足を組んでいるなど、それぞれ座り方にも特徴があると思います。

ただ、その座り方にも心の底にある感情が表れるため、知っておくことで対応の仕方が見えてきます。

足を大きく広げているなら、自分を大きく見せたいという心境です。「俺は怒っているんだからな」という気持ちを、威嚇するような姿勢で発しています。

混雑した電車内でもこのような人を見かけますが、圧

## 足が示す心理いろいろ

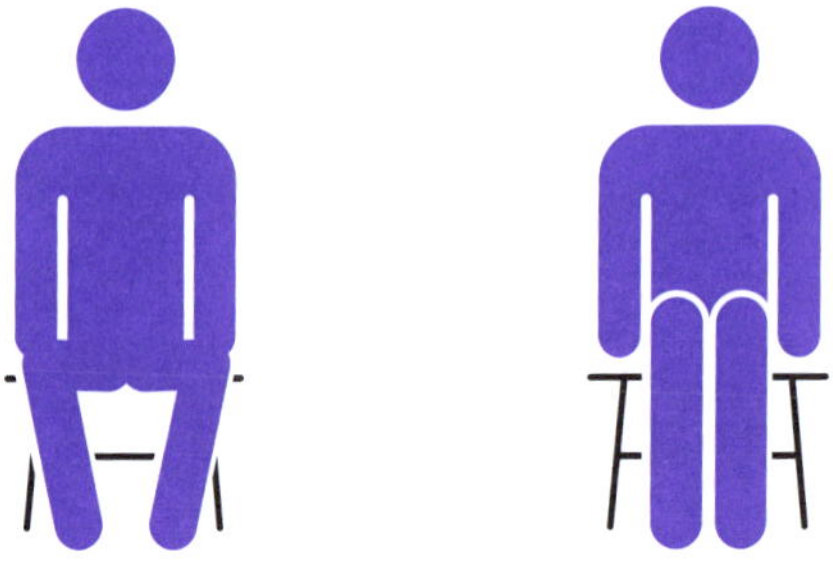

**普通に座って、両足が床に着いている**
平常心・フラットな感情でいる。大きな感情変化はなし。

**足を広げて座っている**
自分を誇示したい、相手よりも上の立場でいたい表れ。怒っている場合もあるので注意。

を演出して少しでも人を近づけないようにするという心理状態ですね。

足を組んでいる場合は、意外かもしれませんが緊張状態にあると言えます。高慢なイメージがつきまとうのですが、組んだ足を壁に仕立てて、まわりから一定の距離を保とうとしているのです。

普通に両足を床につけているのは、気持ちがフラットな状態と言えますが、貧乏ゆすりが始まると、ストレスのほかに不安や矛盾を抱えている状態になります。

足は机などに隠れがちなので、見落としやすいところです。しかし深層心理をつかむ大きなチャンスになりますので、相手に対してどのように対峙するべきかを考えるためにも、話しかける前や話を聞きながらも確認するようにしましょう。

**足を組んで座っている**

緊張している。組んだ足で壁を作って身を守っている状態。まずは心を開いてもらうアプローチがオススメ。

**貧乏ゆすり**

ストレスや不安、矛盾を感じている。「言いたいことがあるけど言えない」ような思いを抱えている場合がある。

今日はつかれた〜…
このキョリ、
大事！

# 姿勢によるイメージへの影響

体の動きは、さまざまな感情を表すもの。しかし、それと同時にその感情を相手に伝える効果もあります。例えば、人として一番弱く見える姿勢って、どんなものだと思いますか？　実は「スマートフォンを触っている姿勢」だと言われています。スマートフォンを触る時は、頭を下げて俯き加減で目線を落とし、場合によっては背中を丸めるように体が内側に向いていませんか？　これは自信が持てない時に取りがちな姿勢と似ているため、他者から見ると動物の本能として弱々しく感じる状態なのです。

実はこうした姿勢が与えるイメージの影響は大きく、電車の中など公共の場で弱々しい姿勢でいると、トラブルに巻き込まれる確率も高くなってしまいます。「絡んでも抵抗されないだろう」と思われてしまうわけです。

一方で、強そうに見える姿勢というものもあります。ボディビルダーのように胸を張り、背筋を伸ばした状態です。自然界で言えば、ゴリラも背筋が伸びていますよね。

姿勢によるイメージの影響は自分にも起こるもので、会議や面接など、自信を持って臨むことが必要な時、その直前に少しボディビルダーのようなポーズを取るだけで、自己暗示的に自信を湧かせることも可能です。特に化粧室など鏡のある環境で、ポーズを取った自分を見ると、より高い効果が望めますよ。

# 大事なのはテーブルのポジショニング

## 座る位置からわかる相手との関係

通勤の電車、会社のテーブル、ランチのレストランなど、「座る場所」は日常のあちこちにありますが、「座る位置」に気を配ったことはありますか？

着座位置は、その人の気持ちを推しはかるための大きなツールになります。

会社にある四角いテーブルに、あなたが座っていたとしましょう。そこに会社の人がやってきましたが、さて、どこに座りましたか？

「隣」は資料などを共有しやすいため、一緒に作業を進めるのに適しています。距離感も近くなるので、関係性も深めやすくなります。

協力関係を持てる間柄と思われている。物理的な距離も近いので、心の距離も近め。

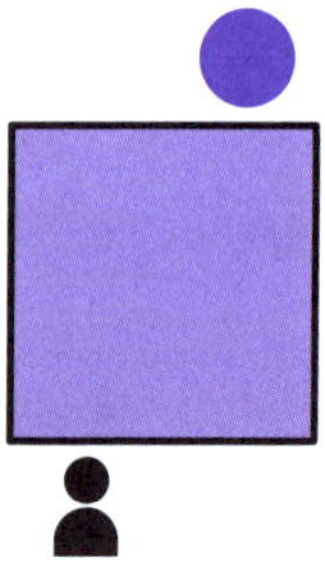

フラットに近い関係。ただし、物理的な距離と同じく心の距離も少し遠め。

「斜め前」はお互いのスペースを確保しながら作業が進められて、適度に会話も楽しめる位置関係です。緊張感を感じることなく、対等な感覚でいられます。

「正面」は向かい合った2人の目線ががっちりとかみ合うため、立場が上の人の場合は圧力を演出することができます。真剣な話し合いをする場合は、このポジションがおすすめです。

このように3つの位置にも、三者三様の意味合いがあります。

繊細さんがあとから座るケースもあるでしょうから、「どこに座ったら効率よく物事が進むか」と考えるための参考にしてください。

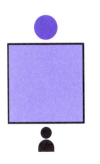

議論や対立などを表すポジション。敵対心を持たれている可能性も。

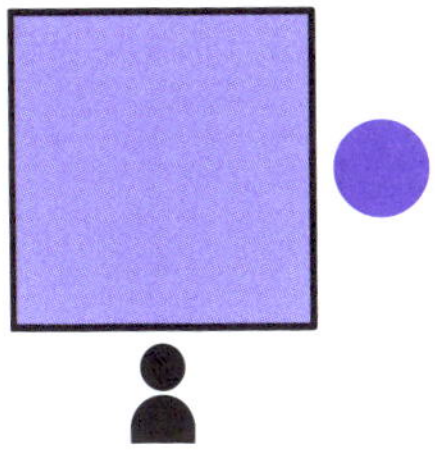

リラックスできる相手だと思われている。適度に視線を外しやすいので対立も生まれにくい。

# デスクの向きでわかる話しかけやすさ

「わからないことがあったら質問して」。多くの上司や先輩が言うセリフですが、いざ聞きに行っても、忙しさなどを理由に取り合ってくれないことがあります。

もちろん、本当に業務に追われて、それどころではなかったのかもしれません。ただ、実はその言葉は建前の場合もあります。では、相手の言葉が真実なのか、建前なのか、どのように判断したらいいのでしょうか？　実はオフィスのレイアウトから考えることができます。

心理学の研究では、部屋のレイアウトと人柄には関係性があることがわかっています。その研究の場合、ドア側から部屋を見た時に、机が正面を向いている配置を「クローズ・タイプ」、うしろを向いている配置を「オープン・

## クローズ・タイプの場合

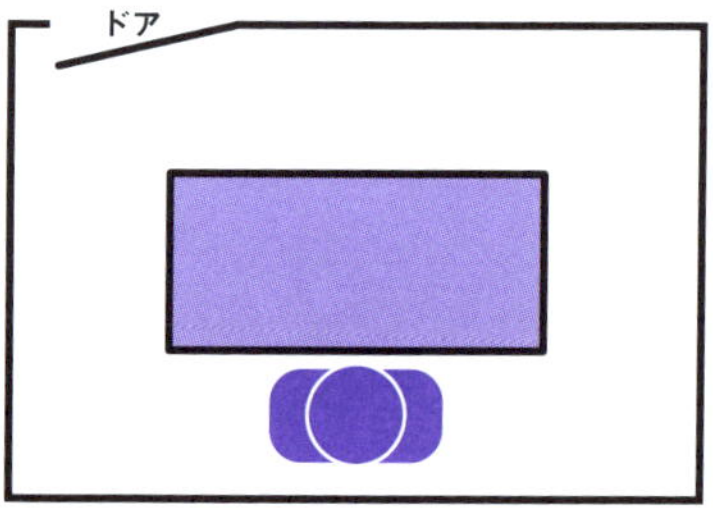


自身のデスクを来室者との壁にしている。このタイプは相談などを受け入れるのが得意ではない人が多い。

タイプ」としました。

クローズ・タイプは、ドアと人の間にデスクを置くレイアウト。オープン・タイプはその反対で、ドアを背にするデスクのレイアウトになります。

想像してみてください。あなたが部屋に入って近づきやすいのはどちらのタイプですか？　明らかにオープン・タイプですよね。

ちなみにクローズ・タイプは、デスクを壁に見立てることで「パーソナルスペースを取りたがっている」というふうにも考えられます。

今後、誰かに相談を持ちかける時は、デスクの配置を確認して、オープン・タイプの人に相談するのがおすすめです。

## オープン・タイプの場合

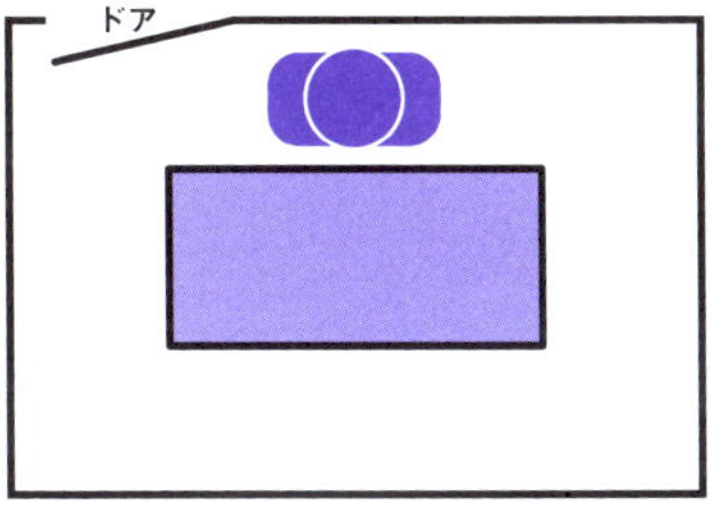


背を向けているので冷たく感じがちですが、来室者との間に障壁がないのがポイント。相談にも真摯に向き合ってくれる人が多い。

# 物理的な距離で測れる気持ちの距離

いろいろな人と接する中で、「ズケズケと入ってくるなぁ」「いい感じの距離感で接してくれる」などと思ったことがあるでしょう。

距離感、いわゆる「パーソナルスペース」というものですが、どのように感じるかにも個人差があります。

パーソナルスペースは、「密接距離」「個体距離」「社会的距離」「公衆距離」という4つに分類でき、おおよその距離が数値として設定されています。

密接距離は0〜45センチ。結構短く感じられるため、家族や恋人といった、まさに親密な人たちとの距離感と言えます。

## パーソナルスペースの4つの距離

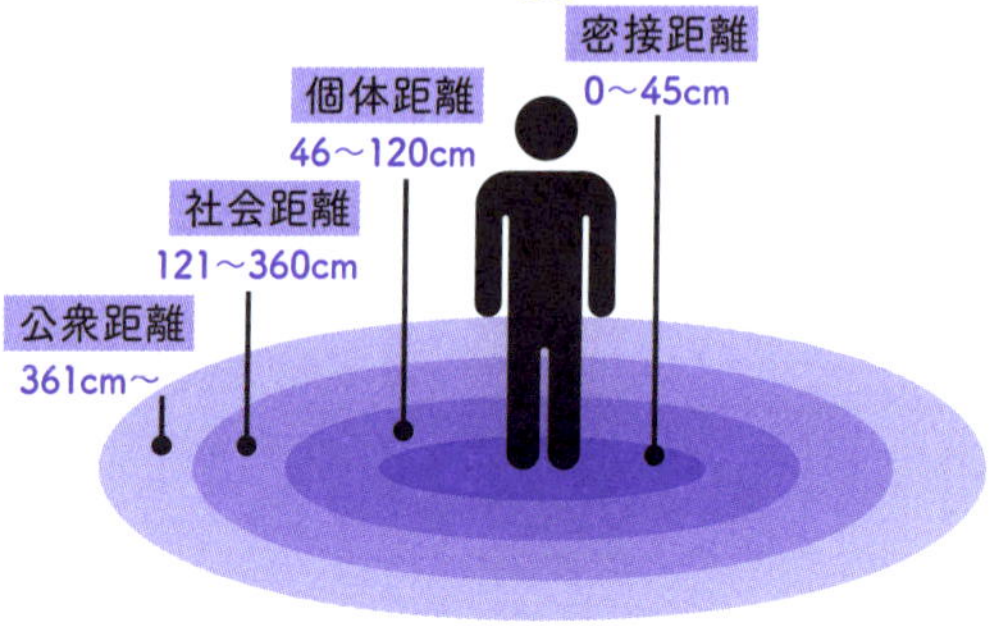


人間はちゃんと計測しなくても、これらの距離を感じ取れるようになっています。ただし、多少の個人差は発生します。また、人の正面に向かって少し楕円になっているのも特徴。

個体距離は46～120センチくらいで、近すぎず遠すぎずというイメージですね。友人はこの距離感に該当します。

社会的距離は121センチ以上で、会社などで接する人たちはこの距離感がベスト。ビジネスでは、馴れ合いにならない距離を保つことが大事、ということがわかりますね。ここからさらに離れると公衆距離となります。

このようにパーソナルスペースはカテゴリーに分けられているので、社会的距離に位置づけていた相手が個体距離まで迫ってくると、迫られた側は戸惑うわけです。

いわゆる「距離感がバグっている人」を相手にする場合は、テーブルを挟むなどしながら、相手に距離をコントロールされないような工夫をしてみてください。

## 近づかれすぎたら距離をとろう

パーソナルスペースを無視して過剰に近づかれるのは、かなりのストレスになります。うしろに下がったり、座って話すことで距離を一定に保つなどでの対処がおすすめ。

ハァ〜ッ
もっと早くできないの!?
ちゃんと調べたの!?
チ、チカイッ!

Technique 2

# 簡単に仲良くなる方法

人づき合いの形はさまざまですが、「相手と仲良く、良好な関係を築きたい」というのは共通するところでしょう。ここでは、簡単に使える人との距離感や好感度に関するテクニックを紹介します。

# ありのままの私でラベリング

「人の印象は初対面でほぼ決まる」とよく耳にしますが、おおむね間違っていません。人は初対面の時に、無意識に「この人はこういう人」と印象を固めるからです。これを印象の固定化、「ラベリング」と呼びます。

そのためネガティブなラベリングをされてからポジティブな印象に変えていくのは、とても難しいということがわかります。最初が肝心ということですね。

しかしながらラベリングを知っていれば、「初対面の時に自分が与えたい印象のようにふるまって、相手のラベリングをコントロールする」という行動を取ることもできます。

## 無意識のラベリング

初対面の時はまず見た目からラベリングが始まります。こうした複数のラベルからの印象を総合して「○○な人」というイメージが出来上がっていくのです。

「自己呈示」や「セルフプレゼンテーション」とも言いますが、自分の見せたいところを見せていくという方法です。

実はラベリングの効果は強力なため、「私にはこういったラベルが貼られている」と思い込むと、自分もそのラベルに沿った行動を取るようにもなります。

「初めて会う人の前では必ずお気に入りの服を着る」「自己紹介をする時は名前だけではなく好きなものも添える」などを意識すると、「キャラクター（人物像）を作る」といったような自分を偽るものではないので、無理なくできると思います。

ありのままの姿でポジティブなラベリングをしてもらうのが一番です。

## 貼られたラベルに寄っていく

人間は無意識に貼られたラベルのイメージに近い行動を取るようになります。意図的になりたい理想の自分を見せて、そのラベルを貼られれば、理想に近づくことも可能です。

# 覚えてもらうためのセルフプロデュース術

人づき合いをする上で、「相手に自分のことを覚えてもらう」というのは大事な要素です。そのためのテクニックとして、「同じテイストの服を着続ける」というものがあります。

「つねにモノトーンのコーディネートでまとめる」「いつでも青いTシャツとジーパン」「パンツルックが基本」といったように、"わたし＝この服装"とキャラクターづけしていくのです。

なぜキャラクターづけが必要かと言うと、例えば取り引き先に連絡した時に「どんな人だっけ?」と思われるより、「あの印象的な服の人ね」と思われるほうが物事が進みやすいためです。

## 人は印象から人物を記憶しがち

キャラクターづけしたことで、名前を聞いただけで自分を思い出してもらえる、自然な自己PRが可能。

これは服装にかぎったことではなく「赤いバッグを持ち歩く」「同じメーカーの靴を履く」といった小物でも応用できます。オフィスがスーツ必須といった男性の場合は、ネクタイの色や柄を統一させるのもいいでしょう。

そのほかにもアニメやマンガのキャラクターグッズを着けて、「わたしはこれが好きなんです」とアピールすることも印象形成につながります。うまくいけば「わたしもこのキャラ好きなんですよ」と会話の糸口になり、仲が深まるきっかけにもなります。

「没個性化しない」というと大げさに聞こえますが、身につけるものにもアクセントやスパイスを効かせて、相手に自分を覚えてもらいやすくしましょう。

## 「好きなもの」も個性の1つ！

キャラクターアイテムは印象付けるだけではなく、「これ好きなんだ」など、会話のきっかけ作りにも役立つのでオススメ。

# 会えば会うほど好きになる

雑誌などで芸能人の好感度調査ランキングを見たことはありますか？　ランキングにはテレビでよく見かける芸能人の名前が並んでいることが多いですが、好感度と見かける頻度には関係性があります。

また最近は流行りの曲に「ＹｏｕＴｕｂｅで何億回再生」という説明が付いたりしますが、自然と耳にする機会が増えるため、好きになる人が多くなります。このような現象を「単純接触効果」と言います。

単純接触効果とは、何度も接する相手に対して好意を持つようになるというものです。接触する回数によって相手に抱く印象が決まることを示していて、嫌なことをされたり、よほど苦手な人でないかぎり、会えば会うほ

## 接触回数と好感度の効果は変化する

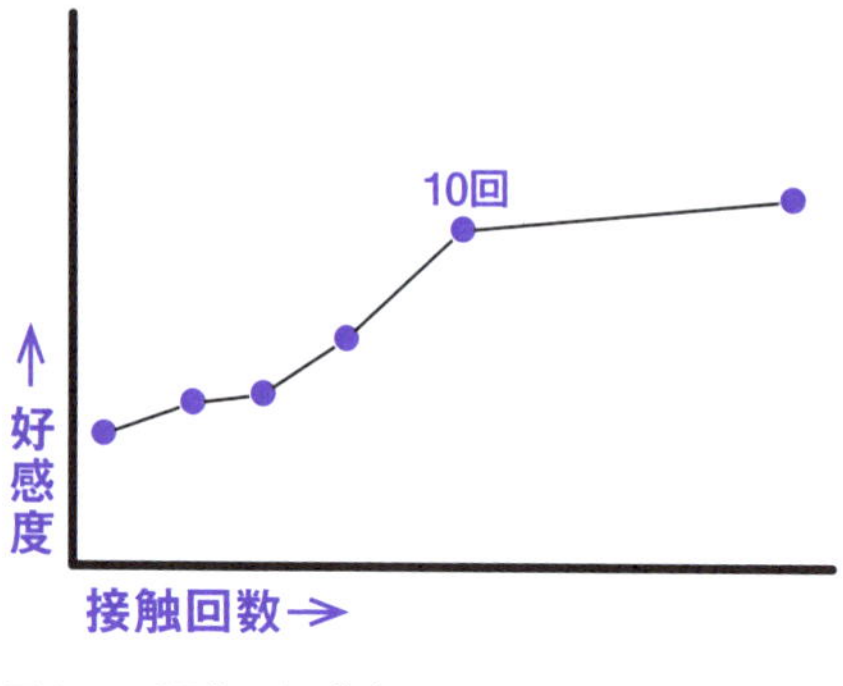


接触回数は10回までは顕著に好感度が高まるのでアピールのチャンス！
逆に10回以上になると効果が弱まる傾向があります。

ど好きになっていきます。

この効果が一番有効に働くタイミングは、出会った初期段階（お互いを意識した段階）です。知り合った直後に何度も顔を合わせる、連絡を取るようにすることで、好意的に感じてもらえる可能性が高まります。

もしあなたに、好かれたいと思う人が現れたら、できるだけ早く自然に会う回数を増やしていってください。

自然に会う頻度を上げるというのは一見難しいと思いますよね。でも、「おはようございます」「お疲れ様です」といったあいさつをするだけでもいいのです。何気ないものですが、相手に意識させるためにも、あいさつはいつもより気持ち明るめに言うようにしてみてください。

## ちゃんと"接触"するのが重要！

あいさつ程度でも相手にしっかり話しかけて、ちゃんと存在を認知してもらうのが重要です。

# 大切なのは忘れられないこと

新しく知り合った人や微妙な距離感の人には、会わないと関係性が切れてしまうタイムリミットのようなものが存在します。

結論からお伝えすると、1週間以内に連絡を取り続けると関係性が続き、その後も関係性を深めやすくなります。これは、人の記憶の仕組みによるところが大きいためです。

例えば英単語を学習すると、1時間以内に覚えたことの約55%を忘れ、1日で約75%、1カ月で約80%という具合に忘れる割合が変化していきます。これを「忘却曲線」と呼びます。

## 一般的な忘却曲線

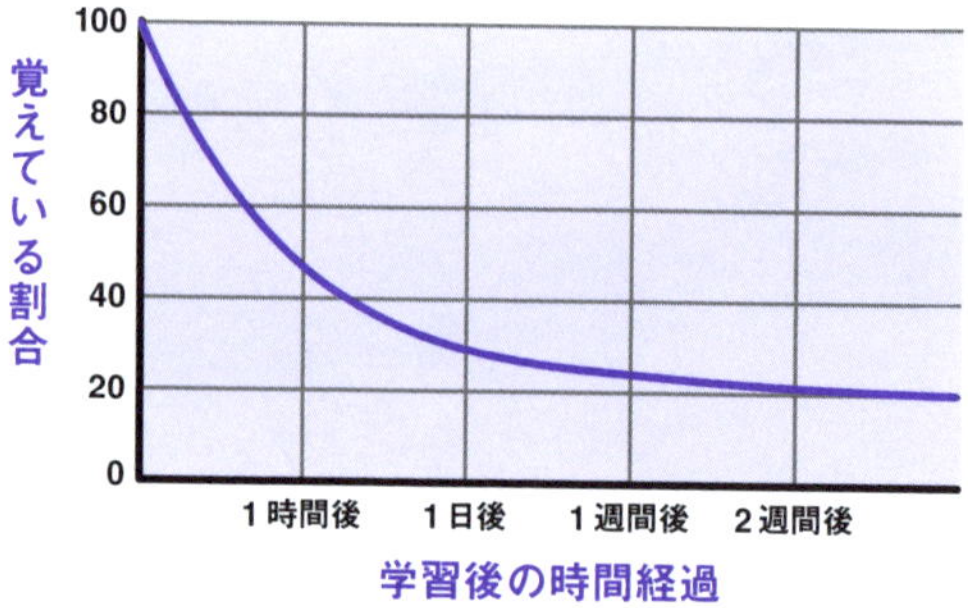


心理学者ヘルマン・エビングハウスが行った実験のグラフ。1週間を過ぎるとかなりの割合を忘れてしまうものですが、これは脳の正常な働きです。

この忘却曲線からわかるのは、覚えたことを忘れるのは覚えたばかりの時で、時間の経過とともに忘れる割合は減るということです。そして、忘却を低減するためには、リハーサル（復唱・振り返り・復習）が重要となります。人づき合いに応用すると、「しつこくなく、かつ時間が経ちすぎていないタイミング」は1週間が適切と導き出されます。

あまりに連絡しすぎて相手に「ウザい」と思われてしまうと、そこからのリカバリーは簡単ではありません。かといって期間を空けすぎると現状維持が精一杯です。

この人と関係を作りたいと思ったら、「毎週土曜日か日曜日に連絡してみよう」と習慣づけるといいでしょう。計画的に行うなら、スマホのリマインダー機能を使ってみるのもおすすめです。

## 適度に思い出してもらうのが大切

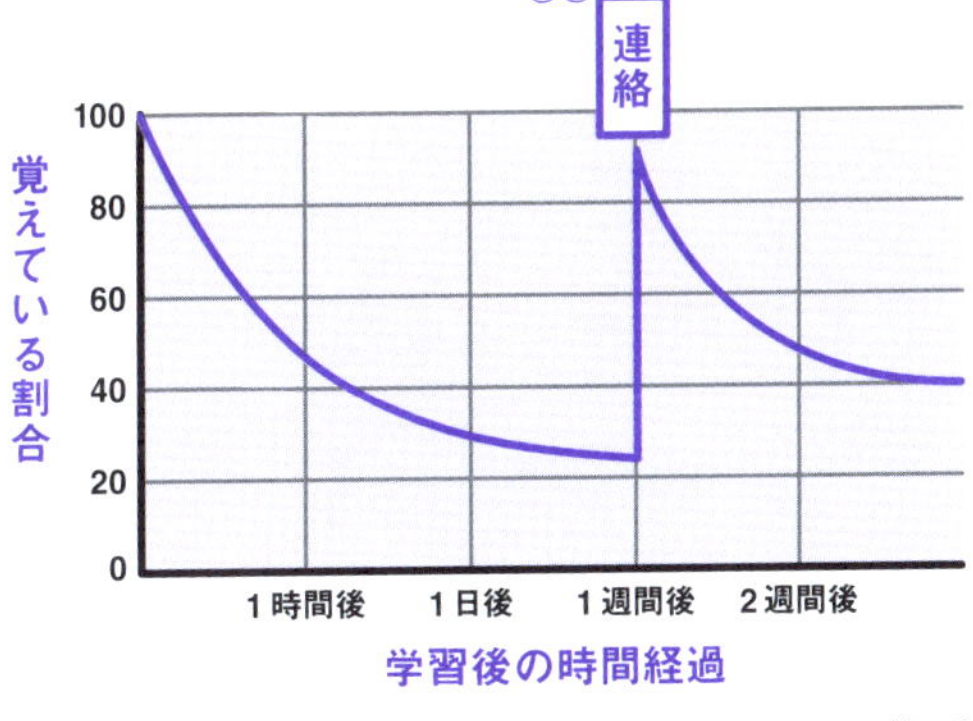


記憶から過ぎ去りそうになるタイミングで連絡することで、ふたたび相手の記憶を呼び起こせる。これをくり返すと忘れられず、記憶に定着されやすくなります。

# 受けた恩恵は素直に返すがベター

私たちは意識している、していないに関わらず、人に助けられ、助けながら社会生活を送っています。このようにお互いを支え合う仕組みを生み出しているのが、「返報性の原理」と呼ばれているものです。

人から何かしらの恩恵を受けたら、お返しをしたくなりませんか？　例えば「忙しそうだね。手伝おうか」と手を差し伸べてもらったら、その人が忙しそうな時に助けてあげたいと思うでしょう。

今すぐというよりも、先々に返す「借り」のようなものですが、返報性の原理はコミュニケーションが生まれるきっかけにもなります。

## 人間関係は恩恵の受け渡しで成立

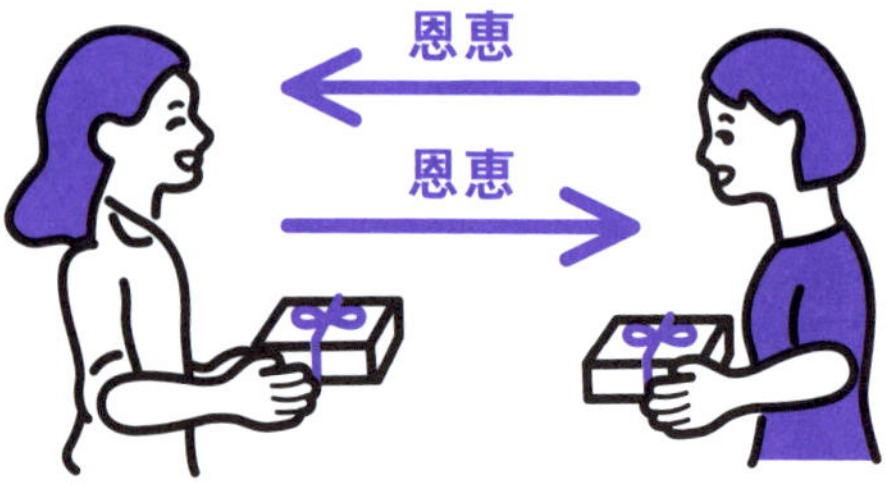


その度合いは人によってさまざまですが、人から受けた恩恵は無意識に返したくなるもの。人づき合いでよくある場面ですが、この返報性という心理は強烈に働きます。

それだけに恩恵を受けてばかりで返す機会がないと、返せない側に負い目のようなものが溜まっていき、関係性が不安定になることもあります。

そうなってしまうと、いざお礼の機会が訪れた時に必要以上の対応、つまり「過剰なお礼」をしがちになります。しかし、これもまた関係性がこじれやすくなる一因になります。

あくまでも「返報性」の基本となるのは「適度なギブ・アンド・テイク」ですので、「お礼は対等に」を心がけてください。

逆にお礼ができない状況が続いてしまった場合、何度も親切にされて、モヤモヤするということもあると思います。しかし、「何度も親切」にしてくれるということは、相手はお礼を求めていないということ。「できる時にすればいい」という気持ちで気楽にいれば大丈夫です。

## 返報性のバランスが大切

どちらかが恩恵を受けてばかりでは、申し訳なさや負い目が溜まって関係のバランスが崩れやすい。もらいすぎも与えすぎも要注意。

うわああ…
あっ　どうも…
へへ…
次は自分から！
あのっ…
よかったらどうぞ…
私のオススメ！
！

# 返報性はとても強力！

返報性の原理は身近なところにもたくさん潜んでいます。例えば、スーパーの試食コーナーもその1つと言っていいでしょう。おいしい匂いに誘われて近づいたところで「おひとついかがですか？」と声をかけられ、それに甘えて試食のウインナーをパクリ。この時点で「ウインナーを食べさせてもらった」という恩恵を受けているため、そのお返しにと商品を買ってしまいやすくなるのです。こうした販売方法が一般的になっているほど、返報性の原理は普遍的で、効果が強力である証でもありますね。

また、心理学者のデニス・リーガンが行った実験では、「恩恵を受けた場合、その相手に不快感を持っていたとしても、返報としてお願いごとを承諾しやすい」という結果が出ています。つまり、返報性の原理は、相手に対する印象に左右されないということ。これも返報性の原理がいかに強力かを示す良い例です。

これだけ強力な返報性の原理ですが、1つ気をつけてもらいたいことがあります。それは"恩恵の度合いは人それぞれである"ということです。恩恵は絶対的な尺度で測れるものではありません。あなたが10の恩恵を与えたつもりでも、相手は7にしか感じていない場合があるのです。もちろんその逆パターンの可能性もあります。そのため、返報性の原理を意識して人づき合いのバランスを取るのは重要ですが、単純に10の恩恵を与えたから10返してもらえると期待すると、ギャップが生まれてしまうのでご注意ください。

# 「お礼のやりすぎ」にご用心

## 遊園地のチケットをもらった場合

返報性とは「相手がやってくれたことに自分も返す」という原理です。ギブ・アンド・テイクという視点からすると当たり前に感じられますが、小さな出来事でも大きい問題と捉えがちな繊細さんとしては返報性の原理は難しいかもしれません。

例えば知り合いから旅行のおみやげをもらったとしましょう。繊細さんは「おみやげをもらってしまった」と大きく受け止めるケースが多いですが、相手にとっては「何人かに渡すうちの1人」かもしれません。

ここにギャップが生まれると、繊細さんがお返しをしようと思った時に、必要以上のものを渡してしまうということが起こります。

チケットと同額の商品券をお返しに渡すのはちょっと過剰気味。すごくうれしかったことの表れでも、過剰なお礼は逆に相手への心理的負担になってしまう危険があります。

これは「過剰な感謝」になるため、逆に相手に気を使わせることになって、関係性がこじれてしまう要因になり得ます。

もちろんおみやげにかぎった話ではなく、あいさつや感謝の表現なども同じで、うれしいからといって何度もお礼を言っていると「この人、しつこいなぁ」と思われてしまい逆効果です。

ちなみに返報性の原理も絶対ではないので、自分が先にやったことに対してのお礼や返事が必ずあるとはかぎりません。あいさつをしても、おみやげを渡してもなしのつぶてということもありますが、それは相手の考え方なのだと割り切ることも大事です。

この場合、遊園地で売っているお菓子など、おみやげがお礼としてちょうどいいところ。
お礼のレベルを相手に合わせることで、気持ちよく喜んでもらえます。

# 心の内側にある満足感を見失わないように

「趣味が認められて、報酬をもらえるようになった」「親切でやった行動で、お礼の品をもらった」。どちらもとてもうれしいことですが、同時に注意も必要です。

趣味は「単純に楽しいから」、親切や人助けは「誰かの役に立ちたい」という自分の中での満足感といった内発的な動機づけから行動を起こすものですが、それに対して報酬をもらう経験をすると、いつしかそれが「報酬をもらえるから行動を起こす」といった外発的な動機づけに変わってしまうことがあるからです。

このような現象は「アンダーマイニング効果」と呼ばれます。この状態に陥ると、逆に「報酬をもらえない時は

## 飲み会の幹事になった場合……

安くなってうれしいですが、いつの間にかその「安くなること」が目的化してしまう危険も……。

やる気が出ない」ということにもつながって、好きだったことを純粋に楽しめなくなってしまう場合もあります。

そしてその変化に気づかずにいると、人間関係もうまくいかなくなることがあります。「ふと気がつくと、幹事はいつも私……でもメリットがない」など、いわゆる"損得勘定"をし始めると嫌な気持ちになりませんか？

そうなることを避けるためにも、次のようなことを意識してみるといいでしょう。

・お礼をする時は過剰にならないように気をつける
・結果だけではなく過程や努力も評価する
・自主的に行っていると感じさせる（自分でも思い直す）

あくまでも自分が主体で行う内発的な動機、気持ちの面が大事なのだと覚えておきましょう。

## 自分で自分の見返りを用意する

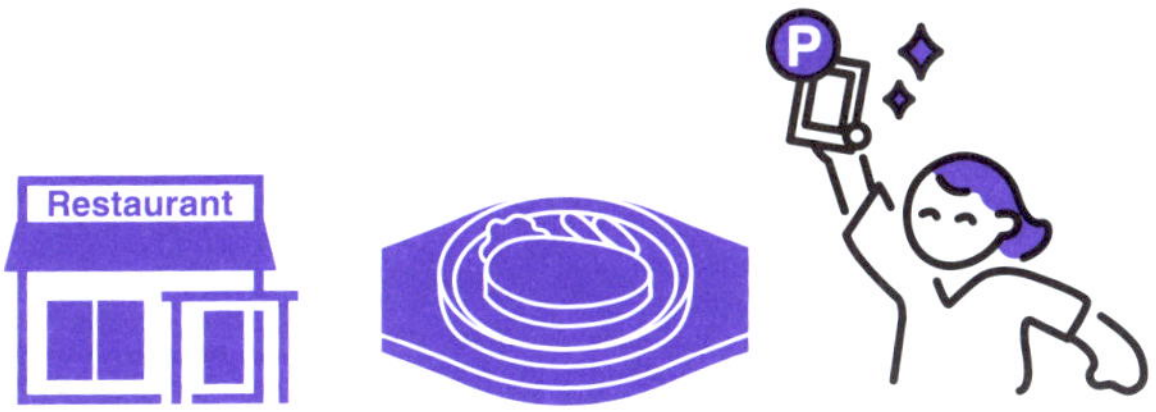


好きなお店を予約する　好きなメニューを選ぶ　ポイントをもらう

他者からの見返りではなく、自分の内側にある喜びを感じてみましょう。

# 座る位置で切り替えられるオンとオフ

友人から食事会に誘われたあなた。おしゃれをして待ち合わせ場所に到着し、合流してお店に向かいました。そこで案内されたテーブルで、あなたはどこに座りますか？

せっかくの機会ですから、みんなといろいろな会話を楽しみたいですよね。そのために選ぶべき席は、ズバリ会話の中心的人物の左前です。

人には左から右に向かって視線を動かすという脳のくせがあるため、左前にいる人に頻繁に話をふる傾向が見られます。自然と輪に入りやすくなるので、あとはふられた話題をうまく拾うようにしましょう。

## 会話に入りたい時に座るべき場所

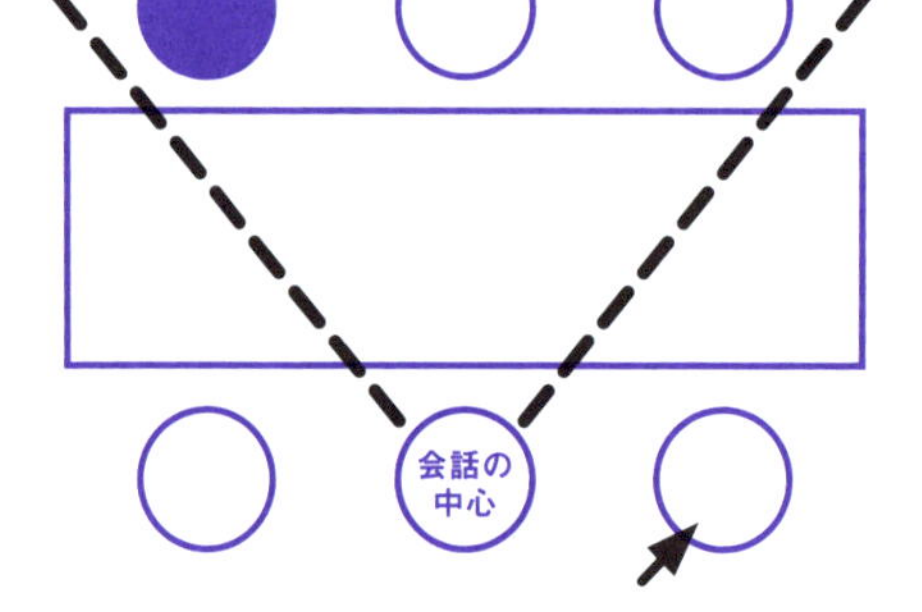


人は目線を左から右へ動かすクセがあります。会話の中心人物から見て左前は視界に入りやすく、会話に入りやすいポジションです。

おそらく中心的人物は幹事で、予約の対応などがあるため一番最初にお店に入ると思います。あなたは2番手でお店に入り、様子をうかがうといいでしょう。

反対にこの状況で避けたいのは、中心的人物の真横の席です。距離が近いのでよさそうにも思えますが、単純に視界に入りにくい場所なので、自己主張をしていかないと会話の流れから取り残されやすくなります。

この特性を逆手に取って、あまり気の進まない飲み会などに誘われた時は、中心的人物の隣に陣取るようにしましょう。

積極的に楽しみたいのか、それとも空気のような存在でやり過ごしたいのか。座る位置の特性を頭に入れて、参加してください。

## やり過ごしたい時に座るべき場所

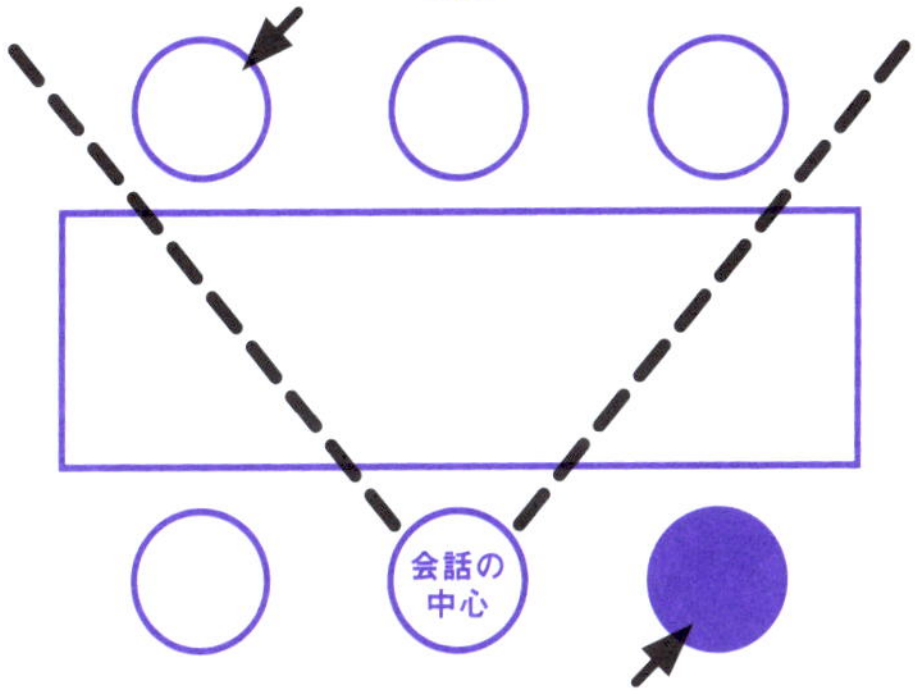


意外にも、会話の中心人物のすぐ隣は視界に入りづらく、話題をふられにくいポジションとなっています。とりあえずやり過ごすのであればここがベスト。

# 距離の壁はどこまで越えられる？

「相手が自分のことをどう思っているのか……」と思って悩んでいる人に向けて、使える心理学テクニックをお伝えしたいと思います。それは「パーソナルスペース」を応用したものになります。

パーソナルスペースとは、いわゆる「距離感」のことで、家族や恋人を示す密接距離（0〜45センチ）、友人など遠すぎず近すぎずの個体距離（46〜120センチ）、会社で接する人たちが該当する社会的距離（121センチ〜）、さらに遠い公衆距離（361センチ〜）に分けられます。

時折、ナチュラルに距離の感覚が違うと思わせる人に出くわすこともありますが、多くの人は基本的にはこの距離感を保ちながら行動しています。

## 近づくだけで関係性を確認できちゃう

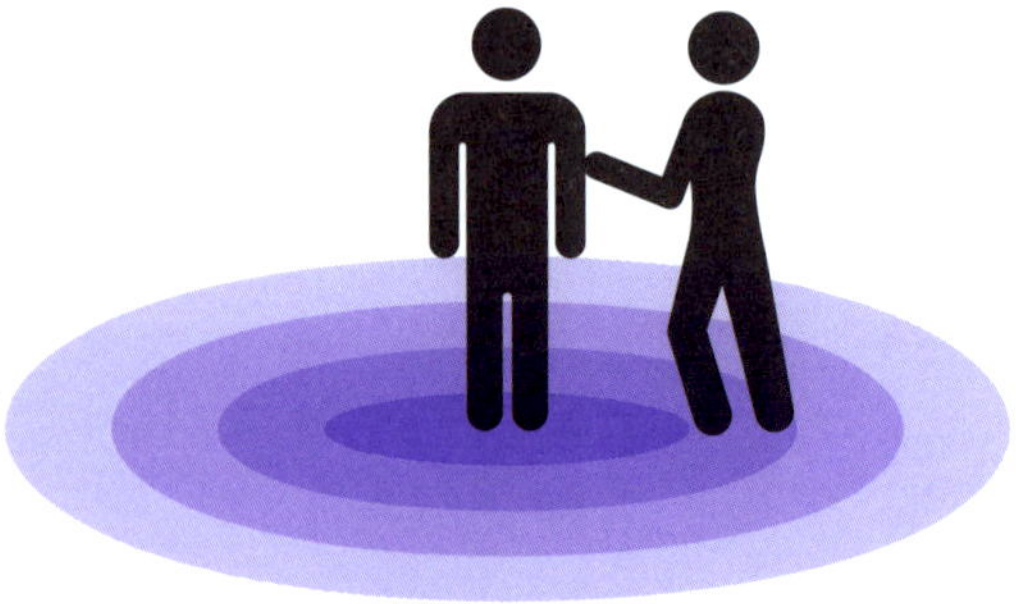

パーソナルスペースの4つの距離を意識して近づいてみると、相手がどれだけ受け入れてくれているかがわかります。ただ、グイグイ近づきすぎて怪しまれないようにご注意を。

そこであえて何気ない会話をしながら少しずつ距離を縮めてみて、どの領域まで入れるかを試してみると、自分をどこまで受け入れてもらえているのかを測ることができます。

その際、近づいた時に腕を組み始めたり、何らかの形で距離を確保しようとしたらストップしましょう。「それ以上はノー」というサインなので、そこがあなたと相手の心理的に許せる距離になります。

このテクニックは「打ち合わせの時に相手と一緒に資料を見る」「相手の持ち物をほめながら触ってみようとする」など、さり気なく実行できるので、ぜひ試してみてください。

## 環境を使って近づくのもアリ

少し暗めで音楽がかかったバーなどは、自然と密接距離に近づくことになるので、関係を深める場所にピッタリ。また、密接距離にいることで好感が高まることもあります。

# 深い仲になるには「ぶっちゃけ話」が有効

人間関係を深めるにはお互いのことを知るべきだ、と言われるように、他人に対して自分自身をオープンにするのは、大きな効果が見込めます。この自分自身をオープンにすることを心理学では「自己開示」と言います。

〝親密になるための特急券〟という呼ばれ方もするのですが、ここにも人から恩恵を受けたら自分も恩恵を返したくなる、という返報性の原理が働いています。自分のことをオープンにすることで、相手も「実は……」となりやすいのです。

出会ったばかりであれば、オープンにする内容は「最近はこのミュージシャンをよく聴いています」「新商品のお菓子は必ずチェックしています」「話題のスポット

## 自分をさらけ出せば相手も応えてくれる

誰かとの距離を縮めたい時は、自分のことをさらけ出す「自己開示」が近道。相手も同じレベルの自己開示をしてくれて、お互いを深く知ることができます。ただし、あまりに重い話題はNGなので注意。

による出かけています」など、音楽や食など趣味に関するもので大丈夫です。

自己開示は少しだけ勇気がいるかもしれませんが、その分効果も抜群なので、早く仲良くなりたい相手がいたら、ぜひ試してみてください。

また「ぶっちゃけ」とも言いますが、特定の人だけが知り得る情報を共有することでも強い返報性が生じます。

「私とあなただけの秘密」などと言われると、ドキドキしてきませんか？　言われた側は「私にだけ言ってくれた」という特別感から、その行為に応えなければいけないという思いにかられ、みずから距離を縮めてくれるはずです。

## あなたにだけ……が信頼を作る

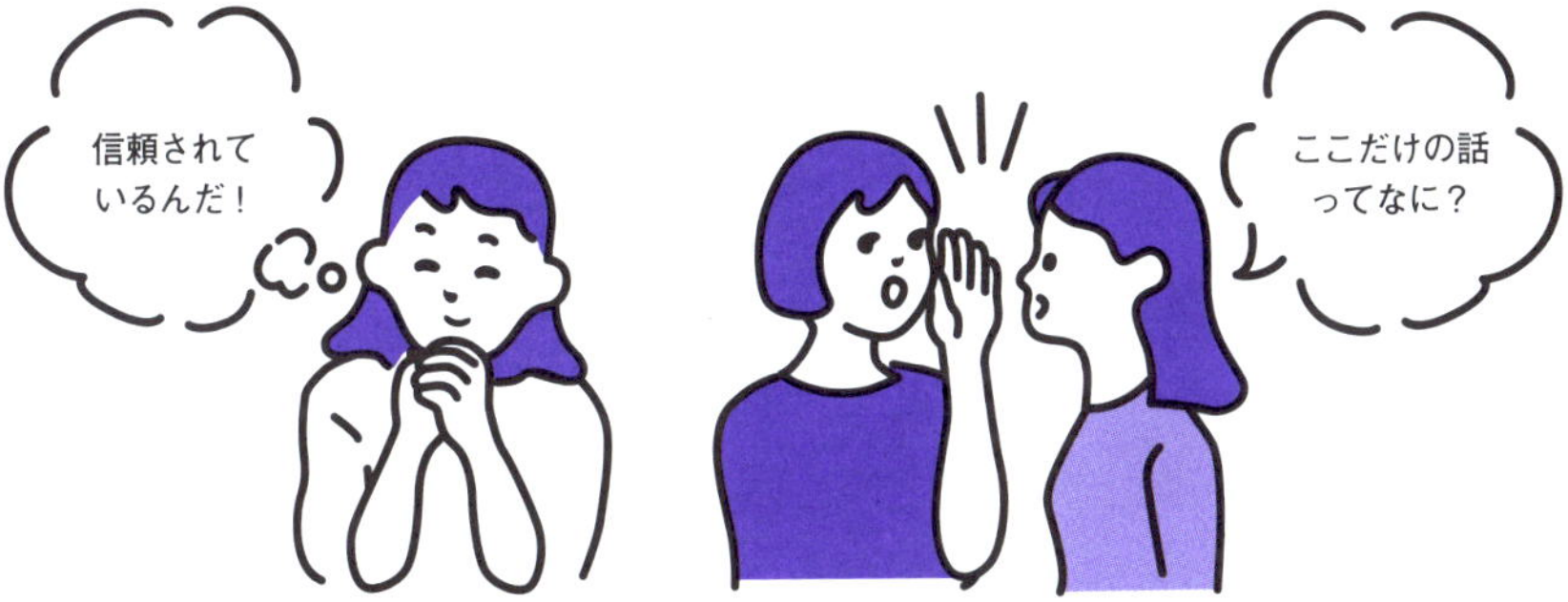


ぶっちゃけ話や内緒話は「自分だけに話してくれた」という心理が働いて、一気に関係が深まります。打ち明ける側の場合、「あなたにだけ話します」としっかり意識させるのがポイント。

# 「キミ」「あなた」よりも名前がベスト！

職場でもプライベートでも、どんな場面でも手軽に使えて、さりげなく相手との親密度を高める方法があります。それが「声をかける時に、相手の名前を呼ぶ」というもの。

「佐藤さん、お昼一緒に行きませんか？」「鈴木くん、お願いがあるんだけど時間ある？」というように、名前を呼ぶことは相手を認識しているということを意識させます。すると、名前を呼ばれた側も積極的に相手を認識するようになるので、自然とお互いの仲が深まっていくのです。

「キミキミ、この資料なんだけど」「あなた、明日は予定入ってる？」。このように話をする人も多いですが、

## 名前を呼ぶ“だけ”でOK

ただあいさつをするだけでも、最初に相手の名前を呼ぶことで心理的な距離を縮め、仲良くなりやすい効果があります。

腹の虫の居所が悪かったりすると「私にも名前があるんだけど」と言いたくもなります。

このような状況では、親密度を高めることはできませんよね。些細なことかもしれませんが、その些細なことが人間関係の構築には大切なのです。

古い例え話になりますが、昭和の歌謡曲では夫婦間で「お前」「あんた」と呼び合っています。そこまでの関係性ならいざ知らず、仕事上のつながりやこれから距離を縮めていくところなら、しっかりと名前を呼ぶといい方向に進んでいくはずです。

積極的な名前呼びは、今日からでも始められます。ぜひ実践してみてください。

## 実はここでも働く返報性

私のこと知って、
興味を持って
くれているんだ！

名前を呼ばれた側は、相手が自分に興味を持ってくれていることを認識して「自分も同じように相手に興味を持たなければ」という返報性の原理が働くので、自然と歩み寄る形になります。

不安…
あう…
あう…
ドキドキ
イヌ山さん！おはようございます
あの担当は、キツネ田さんで〜
メモメモ
よしっ！

# Technique 3

# 人を上手にコントロールする

交渉や怒りとの向き合い方、少し注意しながら使いたいものなど、より高度なテクニックをご紹介。有用なものが多いですが、無理せず、自然なタイミングで使ってください。

# 同じようにするのではなく、変化をつける

人と似た行動を意識的に行うのが「ミラーリング」で、この行動は、相手から好意を引き出すことができます。

これは、似た行動をした相手に「波長が合う」ということが伝わるからで、例えば飲み会の席で相手がジョッキでお酒を飲むのに合わせて自分も飲む、相手がおつまみを食べたのに合わせて自分も食べるという具合です。

ただ、すべてをマネしようとすると「マネされている？」と気づかれてしまいます。好感どころか違和感を抱かれてしまうので、あくまでも自然体で行うようにしてください。

相手が口に手を当てたら自分はほおに手を当てる、相

## 人はマネされると親近感が湧く

ミラーリングのポイントは「さりげなく」。完全に同じ動きではなく、似た動きでも効果があります。

手が腕組みをしたら自分も腕を触ってみるというように、マネをするというよりも似た動きをすると考えるほうがいいでしょう。

また、そのほかの方法としては、「オウム返し」があります。

オウム返しは相手の話を繰り返すことで、これまた「聞いていますよアピール」ができます。言葉にする分、成功すればうなずき以上の効果を見込めますが、やり過ぎるとしつこさや鬱陶しさが出てしまうので、ここ一番で使いたいところです。

オウム返しのコツとしては、そのまま返してもいいですが、意味を変えずに言葉を変えると、さらに効果てきめんです。慣れるまで難しく感じると思いますが、まずは簡単な言葉からトライしてみてください。

## 現代ではこんなミラーリングも

お世話になっております。お打ち合わせの日程ですが、〇〇日××時からではいかがでしょうか。ご検討いただけますと幸いです。よろしくお願いいたします！

お世話になっております。日程の候補、ありがとうございます！問題ございませんので、ぜひ〇〇日××時でお願いできればと思います。何卒よろしくお願いいたします。

実はミラーリングは人の動作だけではなく、文字でのやり取りでも使えます。図のように、相手の表現に合わせて「！」の数などを調整することで、親近感を持ってもらうことができるのです。

# 似た者同士で仲良くなれる

勤めている会社や仲のいい友だちグループなど、長く同じ集団にいると「なんだかみんな似た雰囲気に感じる」と思ったことはありませんか？

これは「同調行動」という心理効果が発揮されているためです。同調行動とは「まわりにいる人の意見や行動に合わせて、自分も同じような行動をしてしまう」というもの。人と違うことをして嫌われたくない、人は自分に似た人に好意を持ちやすいなどの心理から表れています。

多様性が失われてしまって、同調行動はよくないもののように思えますが、使い方次第では人間関係の構築に役立たせることができます。

## 同調は意図的に使うことも可能

まわりの意見や考え、好きなものに合わせてしまうのが同調行動。これは自然とそうなってしまうものですが、意図的に合わせることで好感を得る手段にもなります。

それは「意図的に意見や行動、趣味や嗜好を共有（同調）することで仲良くなりやすくなる」という心理を利用することです。

「みんなが持っているブランド」「流行っているドラマ」など、グループ内で話題になっていることを察知したら、同じものを身につけたり、ドラマを見てみたり、積極的に同調してみてください。たったそれだけで、同じ価値観を共有する仲間であると示せて、ラクに関係を深めることができます。

この時、肝心なのが、こっそりではなく「同じことをしている」と大っぴらにすることです。同調しているとわかれば、みんなの中に「共感」が生まれるため、ポジティブな方向に人間関係が進んでいくのです。

## こっそり同調はNG

身につけるものなどでの同調は、こっそりやると「マネされた」など、マイナス感情を呼び起こしてしまうので注意。「ステキだったので私も買いました！」のように、同調したことをハッキリ伝えることが大切です。

# 「あの人の言うことは正しい」はある意味で正解

「新しくできたカフェのコーヒーがとってもおいしいよ」と友人が教えてくれました。

その翌日に街を歩いていたら、「新しくできたカフェのコーヒー、あまりおいしくなかったね」という話が聞こえてきました。

友人と通りすがりの他人が真逆のことを言っていた時に、あなたはどちらの言葉を信じますか？　「友人が推すお店なんだから、おいしくないわけがない」と思うのではないでしょうか。

人は身近な人の言うことを信じる傾向にあります。これを「内集団」と「真実バイアス」と呼んでいます。

## 情報は「誰からもらったものか」に影響される

同じテーマ・シチュエーションで情報をもらっても、人は無意識に優先度をつけています。特に大きな影響を与えるのは「誰からもらった情報なのか」というところ。

「内集団」とは、「自分が所属していると意識している集団」のことで、会社や仲のいい友だちのグループなどを指します。もともと私たちは、内集団を大切にしています。なぜかというと、その集団にいることで自分に利益があると思うからです。

また「バイアス」には「偏り」や「先入観」という意味があるので、それが「真実」と組み合わさると「友人が言っていることが本当」となるわけですね。

このようなことから、友人や同僚など内集団のメンバーが教えてくれた情報は正しいと思ったほうがメリットが多いため、信じやすいわけです。ただし、勘違いなどから生まれる誤情報でも真実だと信じ込みたくなってしまう危険もあります。あれ？と思ったらバイアスを疑ってみることも大切です。

## 同じ集団の人の意見が採用されやすい

人からもらった情報をもとに何かを選ぶ時、「いつも一緒にいる人（内集団）の情報を良いものだと思い、選びやすい」という心理が働きます。

# 階段を登るようにステップアップ

人に何かお願いごとをする時に、あなたならどのようにしますか？　１つ例を挙げてみましょう。

上司から企画書用の資料集めを頼まれた。終わったら「パソコンへの打ち込みもお願い」と言われ、最終的には企画書に落とし込むところまで私がやることになった。

このように小さなお願いごとから徐々に大きくしていき、最終的な目的へと持っていくテクニックを「フット・イン・ザ・ドア」と言います。

いきなり「企画書を作って」と持ちかけても断られるのが関の山ですから、段階的にお願いの度合いを高めていき、最終地点までもっていくようにしたわけですね。

## まずは簡単な依頼を受け入れてもらう

相手が「それくらいなら」と思えるような、簡単なお願いから始めるのがポイントです。重要なのは「お願いを受け入れた」と認識されること。

先の例は会社の上司と部下でしたが、このテクニックはあまり深い関係になっていない仲でも効果があるとされています。

また企画書を作るまでになったのは、スタート地点に理由があります。最初に「いいですよ」と返事をすると、最後まで「いい人でいたい」という心理が働き、次の依頼も受けてしまうようになるのです。

繊細さんは気づかいの人でもあるので、誰かに何かを頼んだり、仕事をふったりするのをためらうことが多いと思います。しかし、ときには人に手伝ってもらうほうが、はかどることもあるでしょう。そんな時は小さなお願いから始めるフット・イン・ザ・ドアを駆使してください。

## さらに難しいお願いも受け入れてしまう

最初に簡単なお願いを受け入れたことへの整合性を保つため、「自分はこの人に協力したいんだという思い込み」が発生し、断られづらくなるのです。

# 「無理！」と思わせるところから始める交渉術

「パソコンが壊れてしまったので買い替えたいです。10万円貸してください」

突然このようなお願いをされても困りますよね。そんな大金をポンと出すことは、なかなかできません。そう思っていたところに、「5万円でもいいです」と切り出されたらどうでしょう。それくらいなら……と現実味が出てくるのではないでしょうか。

このように最初に「無理！」と思われるお願いをして、断られたら比較的安易な要求に切り替えて受け入れてもらうテクニックを「ドア・イン・ザ・フェイス」と言います。

なぜ、このテクニックがお願いごとをするのに効果的

## 断ることは心理的負担になる

断られて当然という無理なお願い。しかし、断った人の心の内では、「相手のお願いを断ってしまった」という、負い目に近い思いが発生しています。

なのかというと、2人の間に存在しないはずの「貸し」を生み出せるからです。

「仕事のためのパソコンを買い替えたい」というお願いを断った罪悪感が貸しとなり、それを早々に返す場面が来たことで、つい心を許してしまうのです。

これはビジネスの場面でも有効で、「高い！」と感じさせた商品を値引きすることで、相手に「得をした」と思わせることができます。自然と満足度を高められるわけですね。

このテクニックは、関係が築かれている相手に対して効果的に作用します。まずは思いきって大きなお願いをしてみて、渋い顔をされたら「せめてこれだけでも……」と譲歩してみてください。

## 負担を解消するチャンス!?

5万円でも
いいので！
う〜ん
さっきお願いを断ってしまったし、5万円ならいいかなぁ…。

最初のお願いを断った直後に少し難度を下げたお願いをされると、「最初のお願いを断ってしまった」という負い目を解消するチャンスと感じてしまい、お願いを受け入れやすくなってしまうのです。

この映画
みにいこうよ！
いかない…
①ウェブサイト みてもらう
②トレーラーを みてもらう
③興味を もってくれる(?)
みにいきたい〜
よしっ!!!

# 交渉術いろいろ

これまで「フット・イン・ザ・ドア」「ドア・イン・ザ・フェイス」と、2種類のお願いごとのためのテクニックを紹介してきました。心理学では、こうしたお願いや交渉の場面は「説得的コミュニケーション」と呼ばれ、研究されています。ここでは簡単に使えるテクニックである「片面提示」と「両面提示」の2つを追加でご紹介します。

まずは「片面提示」。これは相手に何かを選ばせる時、良い面だけを説明する方法です。相手との信頼関係がすでに出来上がっている場合や、情報が多すぎて相手が決められない時などで有効に働きます。

「両面提示」は、良い面と悪い面の両方を説明する方法です。悪い面まで説明することで、相手に対して誠実に対応していると感じさせたり、最終的に判断を下したあとに納得感が得やすい、という傾向があります。相手との信頼関係がまだ弱い時や、相手が説得しているジャンルに詳しい時などで有効に働きます。

また、「両面提示」を使う場合は、できるだけ悪い面から説明して、その後に良い面という順番で話すのがオススメです。悪い面を先に聞いてハードルが下がった分、良い面がより魅力的に感じやすくなります。

場面ごとに合わせた交渉術、ぜひ使いこなしてください。

# 天気のいい日は、お願いごと日和

同じお願いごとをして、「前は受け入れてもらえたのに、今回は拒否されてしまった」というのはよくあることです。

いろいろな理由が考えられますが、「どこで話をしたのか」を思い出してみてください。

なぜかというと、人は気分がいいと感じる環境では、物事に対してポジティブな反応を示すからです。この現象を「フィーリング・グッド効果」と言います。

もしかすると前回お願いした時は天気がよくて、今回は雨の日だったのかもしれません。「その程度で?」と思うかもしれませんが、自分が同じ立場だとしたらどうで

## 気分が良く受け入れられやすい場面

**明るい**
ほどよい明るさも大切。照明など人口の明るさでも影響します。

**心地良い香り**
嗅覚でも心地良さは変化します。ただし、好みの差も大きいので注意。

**食事**
食事の内容だけではなく、満腹感もプラスに働きやすい。

**天気がいい**
晴れの日はそれだけでお願いするチャンス!

しょう。

営業の帰り道に突然の雨に降られて、お気に入りのバッグが濡れてしまった。そんな時に「悪いんだけどこの資料の打ち込みをやってくれないかな」と言われても、素直に受け入れることはできませんよね。

反対に快晴の日にテラスでランチを食べて、気分爽快で会社に戻ってきた時に同じことを言われたら、「わかりました」となりませんか？ 少なくとも「まぁ、いいかな」と受け入れられるでしょう。

このように、人は気温や明るさなどによっても気分が上がったり下がったりします。そのため絶対に通したい企画のプレゼンや大切なお願いごとは、雰囲気のいい場所で行うことが望ましいのです。

## 気分が下がりやすい注意すべき場面

**暗い**
暗所は気分が下がるだけでなく、不安にもなりやすいので注意。

**うるさい**
大きな音も心理的な負担になりやすいと言われています。

**極度な温度**
「暑い」も「寒い」も、どちらも気分が下がりやすいもの。

**疲労**
当然ながら疲れている時は気分も下がりがちです。

# おいしい食事が縮める、こころの距離

新年会、歓迎会、暑気払い、送別会、忘年会など、ひと昔前は職場でいろいろな理由をつけて飲み会を行っていました。

いわゆる「飲みニケーション」の場合、人間関係を円滑にするためのツールとしてお酒が用いられます。お酒は気分がよくなって自己開示が進みますが、泣き出したり、説教が始まったりと、マイナスのリスクも伴います。

そこで打ち解けるための場を用意する時は、「おいしい食事」に注目してください。

人はおいしい食事をすることで満足感や幸福感を得ます。誰かと一緒においしい食事をすると、その幸福感を

## 食事の満足度を味方につける

ポイントは「おいしい食事」というところ。逆に「おいしくない食事」は不快感を感じ、それが自分への好感度にも影響してしまうので注意！

共有することができるので、「同じような評価をできる人」「意思疎通ができる人」という対象になるため、距離が縮められるのです。

心理学ではこの効果を「ランチョン・テクニック」と呼んでいます。

「おいしい食事」が前提ですが、お酒は苦手でも食事ならという人も多いので、場を設けやすいという特徴があります。また一緒に出かけた人と同じメニューにすると「同じものを同じようにおいしいと思って食べている」という共感が生まれ、より高い効果が見込めます。

いきなり大規模な食事会をすると、レストラン選びや出席の連絡などが大変で、思ったように「ランチョン・テクニック」が使えません。このテクニックを活用する時は、まず少人数での食事会から始めてください。

## ミラーリングも合わせて使える！

相手と同じ動作で好感を与える「ミラーリング」も使用可能。食事の動作は相手に「マネされている」と悟られにくいメリットもあります。※ミラーリングについては76ページを参照

# 選択肢が多くとも自分が決めたことが正解

大学に勤めていると、いろいろな学生と出会います。ある1年生に、なぜ大学に進学したのかを聞いたところ、「就職活動の選択肢が増えるから」という答えが返ってきました。

その学生が4年生になった時に、就職活動で悩んでいるようなので話しかけたら「選択肢が多すぎて決められないんです」と打ち明けられました。

人によっては「贅沢な悩み」とも「優柔不断」とも受け取れます。選択肢があるということは、とても幸せなことのように感じられますが、多ければ多いほどいいかというと、そんなことはないのです。

## 選択肢の多さは自由さにつながるが……

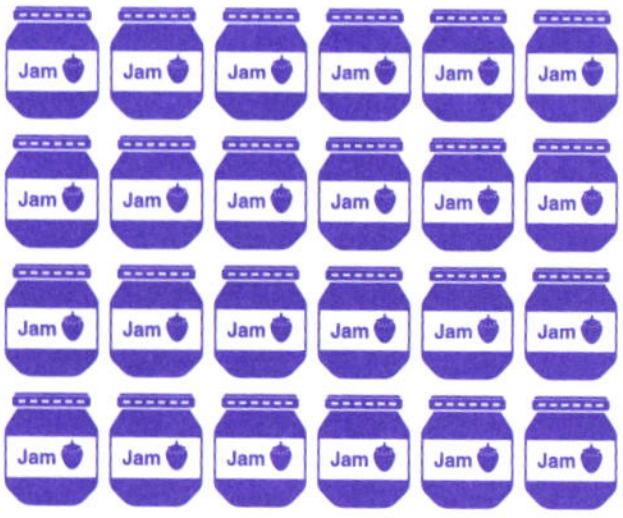


心理学者・アイエンガーはジャム売り場で24種類並べた場合と6種類だけ並べた場合で実験を行いました。これは選ぶだけで大変そうなのがパッと見で伝わってきますよね。

例えば、いつも通っているお気に入りのレストランに初めて友人を連れて行ったとします。あなたは友人においしいものを楽しんでほしいと気づかうあまり、あれもこれもとオススメしてしまい、気づいたら友人は料理を決められないくらい悩んでしまっていた。

このような経験をしたことはありませんか？

アメリカのシーナ・アイエンガーという心理学者は、適切な選択肢の数を「7±2（5～9）」としています。それでも多いと感じる人はいると思いますが、増やす努力のほかに、減らす努力も意識してみてください。

ちなみに、人は自分で選んだものが正解だったと思う傾向があります。悩みすぎて行動できなくなってしまうくらいなら、「えいや！」と決めてしまうのもいいかもしれません。たとえ決めたものが不正解でも、やり直せばいいのですから。

## 意思決定には
## これくらいがちょうどいい

これくらい選択肢が絞られているほうが、1つ1つを吟味しやすくて良さそうです。実験では、24種類並べた場合は、6種類だけ並べた場合の1/10しか売れなかったそうです。

# 頼まれごとをスマートに回避する共感力

自分の主張を抑えたり、一方的に押しつけたりせずに、お互いのことを尊重しながら意見を交わすことを「アサーティブ・コミュニケーション」と言います。

例えば、あなたが仕事を頼まれたとしましょう。ただ、自分のキャパシティもいっぱいだったりすると、お願いごとを引き受けられません。そのような場合は、どう断るのがいいと思いますか？

アサーティブ・コミュニケーション的には、「忙しいので無理です」「それってあなたの仕事ですよね」というように、自分ができない理由やその人がやるべき理由を正しく伝えるということが大事です。

## 頼まれごとをされたら……

頼まれごとを断りたい……。よくある場面ですが、実際はなかなか断るのが難しいもの。やさしさゆえに悩んでしまいますが、そこはテクニックを活用して解決。

ただしストレートな物言いは角が立ちますし、相手の立場で考えてしまいがちな人には難しいでしょう。

場合によっては「相手を怒らせるくらいだったら、ちょっと無理してでも引き受けてしまおう」などとも考えてしまうと思います。しかし無理をして、心が病んでしまっては元も子もありません。

では、角が立たないように断るにはどうしたらいいのかというと、まずは相手に共感しましょう。相手も何かしらの理由があって仕事をお願いしているはずですから、まずは「すごい大変なんだね」と聞くところから始めてください。

その上で「わたしも今はこういう状態で……」と自分の状況を説明すると、否定されたという感覚を持たせることなく、断る流れを作ることができます。

## 3ステップで嫌われない！

しっかりと謝る、断る理由を説明することが大切。③の代替案を提示までできればトラブルになることはないはず！

あと
あと、
とか
とか
とか
まだまだあるよ！
お、おう…
まじか…
かかかは、どうかな？
うんうん！
調べてみよう！

# コミュニケーション4原則

「アサーティブ・コミュニケーション」は、お互いのことを尊重してやり取りをするためのテクニックです。前項ではお願いごとを上手に断る時に使うテクニックとして紹介しましたが、それ以外にも、人づき合い全般にわたって意識することで、無理なく人と関われるようになれるものでもあります。

「アサーティブ・コミュニケーション」で重要なのは以下の4つとされています。「①自分と相手に誠実であろうとすること」「②わかりやすく率直に、具体的に説明すること」「③相手を1人の対等な人間として見て、威圧的でも卑屈でもない姿勢で向き合うこと」「④自分の言動や感受性は自分で選んだものだと認めること」。

　こうして要素を並べると難しく見えてしまいますが、簡単にまとめると「相手の立場や価値観を理解して、自分の言うべきことは正しく伝える」ということです。繊細なあなたはきっと、相手の立場や価値観の理解が出来すぎるがゆえに、自分の言うべきことを伝えられない場面が多いのではないでしょうか。アサーティブ・コミュニケーションを目指すには、どちらの要素も重要です。自分にも誠実であることを忘れずに、バランスを意識してみてはいかがでしょうか。

# 最初か最後か。結論を伝えるベストなタイミング

結論を先に伝えてあとから説明するのか、ひと通りの説明をしてから結論を発表するのか、話の仕方は大きく分けて2つのパターンがあります。

前者は「アンチクライマックス法」、後者は「クライマックス法」と呼ばれます。話の進め方のテクニックとして、聞き手の心をつかむために、どのアプローチで進めるのがベストかという選択になります。

こちらが話をする時に相手も何かを期待している、ワクワクして前のめりになっているようでしたら「クライマックス法」を選ぶといいでしょう。結論に向けてじっくりと話しながら気分をさらに高めていってください。

## 相手が話を聞いてくれそうな場合

少し前のめりの姿勢であれば、話に興味を持っていると考えられます。結論は最後にまわして、事前情報をしっかり伝える「クライマックス法」を使うと理解されやすい。

反対に相手があまり期待をしていない、話をしようとしてもあいまいな様子でいるようでしたら、「アンチクライマックス法」を用いて最初に答えをドーンとぶつけましょう。

また意思決定をする人が明確な場合は、ターゲットを絞ってプレゼンをすることが効果的です。ここで役に立つのが、話の最初に結論を伝えてターゲットの意識を引きつけやすい「アンチクライマックス法」です。

これらのテクニックに共通しているのは、相手の状況を敏感に捉えられる繊細さんにこそ向いているということです。乗り気なのか、楽しんでくれそうなのか、時間がなさそうなのか。相手がどんなオーラを発しているのかを的確に感じ取れる繊細さんの強みが、存分に生かせるのです。

## 相手が話に興味を持っていない場合

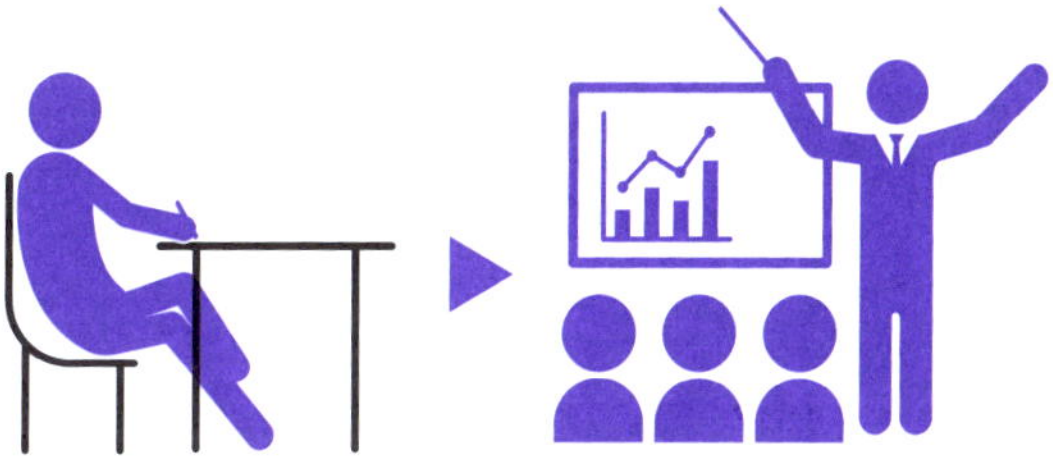

足を組んでいたり少し体を逸らしている時は、話に対して興味が薄い証拠。結論から話し始め、最初に相手の興味を引きつけるのが肝心！

# 間を空け、しゃべらせ、怒りを沈静化

デスクで仕事をしていたら、急に上司が声を荒げました。そこで「やれやれ」とやり過ごせる人もいれば、繊細さんのように相手の怒りを受け止めてしまう人もいます。

上司の怒りのほこ先があなただった場合は、どうにかしてこのピンチを乗り越えなければなりません。このような時は「時間」と「言語化」を意識してみましょう。

怒りをしずめる方法の1つに「時間を置く」があります。自分の怒りをコントロールする「アンガーマネジメント」の、「怒りを感じたら数秒待つように間を作る」を応用して相手を落ち着かせることができます。

また「言語化」は、相手にしゃべらせて感情を吐き出さ

### 時間を置く方法

稼ぐ時間の目標は6秒間。時間を稼ぐ手段はさまざまですが、これらの方法がおすすめ。特に、テーブルのある場所への移動は、障壁を作れるので心理的に余裕を作りやすくなります。

せることで、怒りから早く解放させることができます。これを心理学では「浄化」と言います。

時間を置く方法ですが、例えば「あちらでお話させてください」と離れたテーブルを指定して、移動しながら時間を稼ぐようにするという方法があります。

また「先輩（第三者）も同席させてください」というのは、第三者を入れることで、一から経緯を伝える必要が出てくるので、時間稼ぎと言語化の両方が期待できます。

ちなみに上司の怒りが自分以外に向けられているようなら、携帯に電話がかかってきたふりをしたりしながら、声の聞こえないところまで移動しましょう。

繊細さんは自分以外に向けられた怒りも、自分ごとのように感じてしまうことがありますので、この場合はその場から離れ、フェードアウトするのが一番です。

## 言語化とは

人は怒りの内容を言葉にすることで、無意識的にその怒りを客観視するようになります。少しツラいですが、まずは吐き出させるのも有効です。

# "怒り"を正しく理解して、正しく解消

怒りの表現方法は人それぞれですが、繊細さんの場合は他者を気づかうあまり、怒りを自分の中に押し込めることが多い傾向にあります。

感情のコントロールができているのなら素晴らしいですが、押し殺しているだけの場合、精神的にはよくありません。ストレスとなって、自分自身が参ってしまうからです。

そうならないためにも、「自分は怒っている」という気持ちや状態を体に学ばせて、気づきを作るようにする必要があります。

例えば怒っていると思ったら、「手首に付けておいた

## 怒りに気づくためのラベリング方法

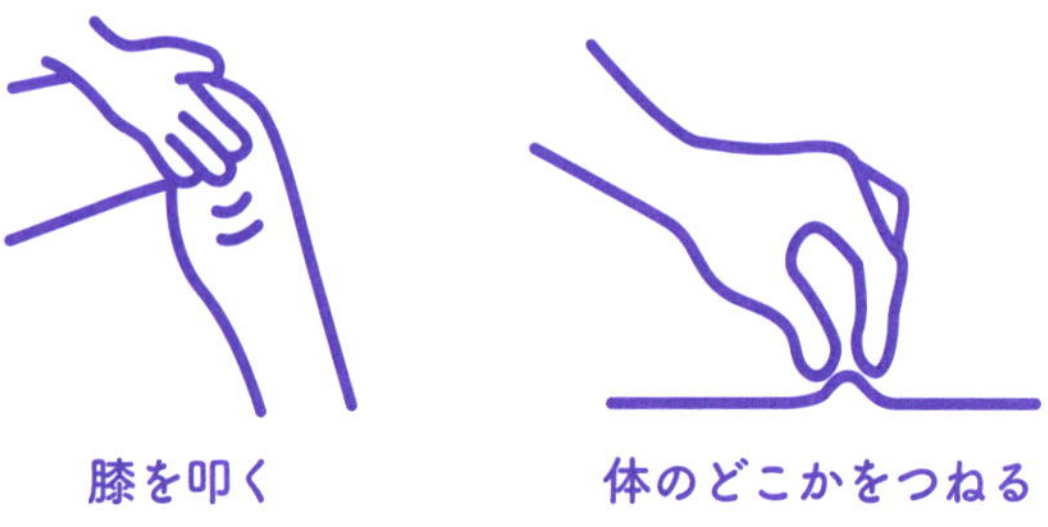


怒りを自覚するラベリング方法はさまざま。ただ、まわりに気づかれにくい動作のほうが安心して実践しやすくなります。

ヘアゴムを引っ張って、腕に当ててみる」「こめかみのあたりを指で触ってみる」などの行動を取ってみましょう。これを怒りの「ラベリング」と言います。

次はラベリングした怒りをどう発散していくかですが、ノートなどに書き出すことで感情の浄化をうながすことができます。これは「ジャーナリング」と呼ばれるテクニックで、スマートフォンのメモアプリに打ち込むことでも効果が期待できます。

誰かに聞いてもらって解消するという方法は、怒りの感情に関してはおすすめできません。必然的に強い口調になるため、聞かされている側がつらくなってしまうからです。

「怒りを理解する」「発散させる」。まずは両方試して、結果的に自分に合った方法を見つけ、つねにこころを軽くしましょう。

## 怒りの発散方法

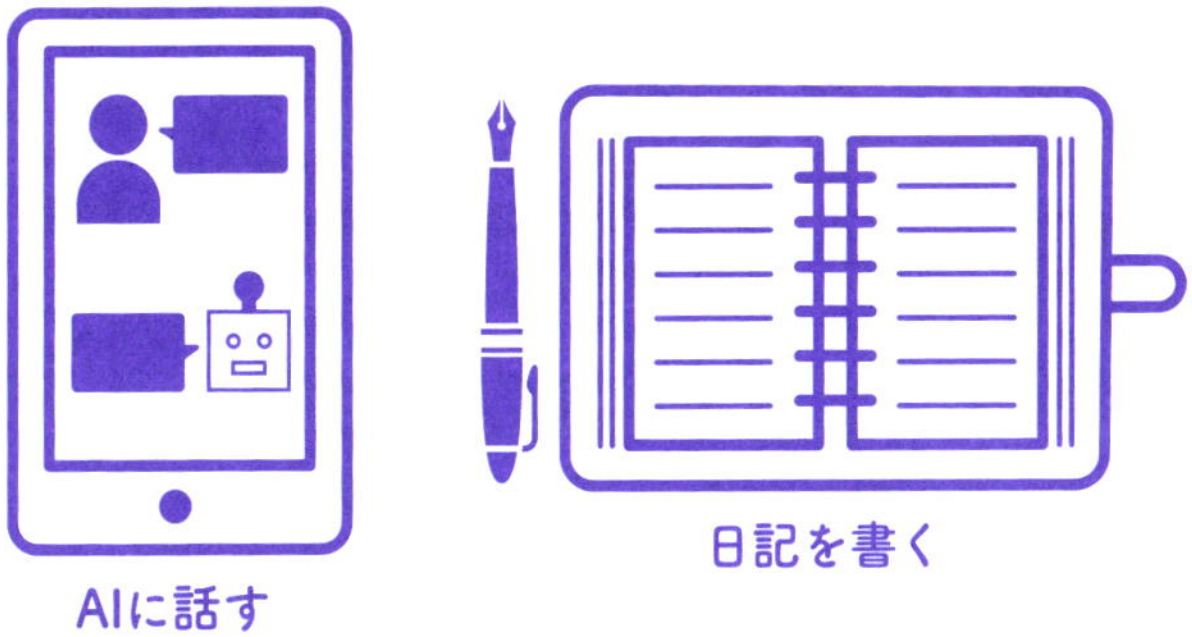


言葉にすることで浄化（＝カタルシス）をうながすことができます。今の時代ならAIに聞いてもらうのも1つの手段として有効かもしれません。

# ストレス解消は、いつもそこにあるもので！

## 安全な依存の仕方

話すことがストレス発散になるという人がいます。つき合わされる人は大変だと思いますが、ときには力技のようなものも必要です。

しかしながら繊細さんは、相手に気を使うがために言いたいことを我慢する、思ったことを飲み込んでしまうふしがあります。そこで溜まったストレスをすっきりさせるための方法として、「陽の光を浴びる」があります。

1日の中でも朝日がベストなのですが、陽の光を浴びるとセロトニンが分泌され、夜の快眠につながります。生活のリズムを整えるのも心身の好調につながりますから、軽い運動をする時は「早朝に陽の光を浴びながら約20分」がおすすめです。

推し活もステキな趣味で楽しみの1つとして持っているのはとてもいいことですが、その推しが引退したりしてしまうと、その時にまた大きなダメージを受けることになってしまいます。

ほかには「普遍的なものとのつながり」を持つのもいいでしょう。私は勤めている大学から外に出る時に、決まって背の高い木の葉っぱを見るようにしています。自然と顔が上に向くので、伸びやかな気持ちになります。

なぜ普遍的なものがいいのかというと、それがなくなった場合は新しい対象を探さなければならないからです。最近では「推し活」などとも言われますが、推しに何かあった場合、「〇〇ロス」につながり、暗い気持ちになってしまいます。

もちろん推し活もどんどん楽しんでほしいですが、できるなら対象を1つだけに絞らず、いろいろな楽しみを見つけるようにしましょう。

これらの自然や大きな枠組みでの好きなものや趣味は、それ自体がなくなってしまう可能性が低いので、1つでも持っておくと安心です。

う〜ん…
楽しみにしてるよ
はい！
気合い!!!
概要・説明
結論
お話いたします！
イイネー

考え方で変える世界

# 今より少し生きやすく

日常で直面するストレスや不安とは何なのか？　そのメカニズムや対処法をはじめ、人が幸せに生きやすくなるための心理学理論などを解説します。

Epilogue

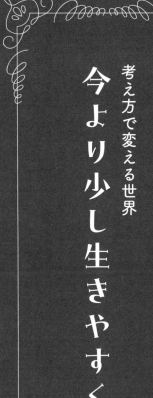

## 適切な接し方を特性ではなくスキルで身につける

特性とは、そのものだけが持つ性質のことで、人で言うならば性格や個性です。その人を形作る大切なものですが、なかには「自分のこの性格は嫌だから変えたい」と思う人もいるかもしれません。

もちろん性格を変えることは、難しいながらも不可能ではないですが、それまでに生きてきた環境や関わってきた人とのなかで作られてきたものだけに、一部の特性だけを変えると、逆にバランスを崩してしまうことも考えられます。特性を変えることは、あまり勧められないということです。

一方でスキルは、ある特定の活動や仕事を上手に行うために求められる能力です。その能力は知識と技術に支えられています。学習や訓練、努力、経験によって身につけたり発展させることができるものです。

人と関わるためのスキルも同様です。心理学では「ソーシャル・スキル」や「コミュニケーション・スキル」と呼んでいますが、やはりスキルなので、学習や訓練によって習得したり、高められるものと考えられています。

また、スキルは知識と技術がかみ合うことでさらに磨かれます。技術を使うためには、どのような場面でどのように行動すればいいのかという知識があってこそですよね。

例えば、「あなたが同じ職場や学校で、仲よくなりたいと思っている人がいる」とします。

まだ直接話したことがないので、あなたは話しかけられるのをずっと待っている状態。しかし、相手はなかなか話しかけてこない……。この状況を打開するには、「思いきって自分から話しかける」という知識が必要です。

そうしなければ動かないとわかっているからこそ、話しかける際に有効な技術を覚え、活用しようと考えるわけです。この場合の知識は、気づきとも言えます。

しかし、気づいたことをすぐに実践・改善できていたら、わたしたちは苦労しません。だからこそ無理をしないで、必要になった時に使える技術や知識を蓄えておく必要があるのです。いわゆる「引き出しを増やす」というものですね。

これまでに紹介してきた「人づき合いのための心理学テクニック」も、その引き出しを増やすことにひと役買えたらと思ってまとめています。

必ず実践しなければいけないものではなく、使えそうなタイミングが来た時に有効に使ってもらうのが一番です。そう考えると、少し気楽にスキルとして受け取ってもらえるのではないでしょうか？

## ストレス対処行動を身につけよう

人間関係の改善のために日常を変えようとすると、ストレスで心が疲れてしまうことがあります。

ストレスは、もともと物理の専門用語です。鉄の板は外から負荷をかけることで歪みが生じます。この歪みをストレスと呼びます。その後、人にも使われはじめ、多くの研究が行われるようになりました。

簡単に説明すると、ストレスには「ストレスの原因」と「ストレスに対する反応」の2種類があります。

ストレスは目に見えないので、すべてを理解するのは難しいものです。ここでは、よく用いられる風船の例でお話しします。

膨らませた風船をあなたの心だと思ってください。ストレスがかかった状態というのは、その風船を1本の指でぐっと押した状態です。この時に指で押している力がストレスの原因になります。力が加わると風船はへこみますよね。それがストレスに対する反応のイメージです。

そして風船から指を外せば、風船はまたもとの状態に戻ります。これがレジリエンスと呼ばれる「精神的な回復力」「自然治癒力」です。人はストレスがかかった状態から、自然ともとに戻ろうとする働きを持っています。

この時に指で押す力が強いと、ストレスの原因が持つ影響力が強いことになり、もとの状態に戻るのにより多くのエネルギーを使ってしまうのです。

しかし、実際のわたしたちの心はそんなに簡単ではありません。もし、風船を鷲づかみにするようにすべての指で強く押された状態になってしまうと、風船は逃げ場がなくなりパンッ！と割れてしまいます。ストレスに対応しきれなくなって、心が壊れてしまうわけです。

とくに繊細さんは少しの変化でも気づき、感じ取る能力が高いため、頻繁に指一本では収まらない強い負荷がかかっているでしょう。

そのままの状態が長く続いてしまうと、いずれ対応しきれなくなってしまう危険があります。そうならないためにも、不要なストレスを回避することが大切です。

## ストレスのメカニズム

ストレスのメカニズムとして、「認知的評価」と呼ばれるものがあります。さまざまなストレスの原因を脅威と認知（判断）する心の働きのことです。

この認知的評価の基準は、「自分の力で対処できるかどうか」というもの。そのため、自分では対処できないような事態と感じた時に、ストレス反応が引き起こされます。

言いかえると、発生した問題に対して適切に対応できる幅が広がれば、ストレスを減らせるということです。これは経験や準備、学習によって広げることができます。また繰り返しその行動を行うような練習や、想像によるシミュレーションも効果的です。

成功する自分を想像するだけでも、ストレスに備えることができるのです。繊細さんのリスクや危険によく気づくという面も、その場合はどうやって対処するべきかというシミュレーションにつなげることで、ストレスに備える手段として有効活用することができるのではないでしょうか。

## 自分なりのストレス対処行動を見つけよう

これまで説明してきたような、強いストレス状態が続かないようにするために、積極的にストレスに対する反応を軽減する必要があります。

それが心のケアであり、ストレス・マネジメントです。では、どのように対処したらいいかを考えてみましょう。

「心理社会的ストレスモデル」と呼ばれるものがあります。このモデルは、ストレスの原因からストレスに対する反応への影響は、これらによって変わってくるという考え方です。

①性格・気質（個人的要因）
②ソーシャル・サポート（援助者やモノ）
③コーピング（ストレス対処行動）

性格・気質は、ストレスの原因を強く感じやすい人がいるということ。例えば、「繊細さんがさまざまな負担を感じるのは、まわりからの刺激に対して感受性が高いため、ストレスの原因に気づきやすく、よくない影響を受けやすいから」という具合ですね。

またソーシャル・サポートは、ストレスの原因という脅威に晒された時に助けてくれる人やモノのこと。家族や友人はもちろん、金銭的な援助、情報提供、はげましや称賛など、さまざまな形があてはまります。

そして最後に、ストレス・コーピング。これは、ストレスに対処することを目的とした行動を指します。

友人と飲みにいくことが、ストレス発散になるという人もいるでしょう。それは、「友人と飲みに行くことでおいしいものを飲み食いする」というストレス・コーピングであると同時に、おしゃべりをすることで、ソーシャル・サポートも受けている、ということになります。

しかし繊細さんは、相手の気持ちへの影響などを深く理解できてしまうがために、相手に気を使って言いたいことを我慢したり、思ったことを飲み込んでしまう傾向があります。友人と飲みに行くようなストレス発散の方法は、あまり向いていないかもしれません。


そこで溜まったストレスを発散するためのテクニックとして、先にも紹介した「ジャーナリング（日記法）」がとても有効です。

また、ストレスに対処するためには、感情を解放する必要があります。映画やドラマを観て泣いたり、お笑い番組を見て笑ったりすることは、対処行動としてとても効果的です。

「今日はがんばったから、自分へのご褒美に映画を観て帰ろう」という感覚でいいと思います。

自分に合った対処行動は人それぞれで、早々に見つけている人もいれば、見つけるのに時間がかかる人もいます。しかし、まだ見つけられていないからと言って、気に病むことはありません。自分のペースで探せばいいのです。また可能なら、ストレス対処行動は複数持っていると、さらに安心できます。

ただし、ストレスに真正面から向き合うことが、必ずしもいいことだとは言えません。避けられるのであれば、むやみに向き合うよりも避けるべきでしょう。

例えば、人の悪口を言うことがストレス対処行動になっている人がいるとして、聞かされた人はそれがストレスの原因になることもあるわけです。

そんな時は話の流れを変えたり、その場を去るなど、できる範囲でストレスから離れることも考えましょう。

## 不安という感情とは何なのか

繊細さんに対応策を知っておいてほしいのは、ストレスだけではありません。多くのリスクや危険に気づくからこそ、ほかの人より多く生まれる「不安」にも対応できるようになると安心でしょう。

心理学において不安は、「見ることのできない将来などに対する必要以上の恐れや心配」とされています。

不安の機能やメカニズムは、古くから研究されてきました。心理学者のジークムント・フロイトは、精神分析を開発したことで有名ですが、その中心にあったのは不安でした。そのような研究を整理すると、2つに区分することができます。

1つめは「恐怖」という、外からの具体的な刺激から来る不安です。

もう1つが「心配」という漠然としたものに対する不安です。みなさんも先の見えない将来を気にして、不安になった経験があると思います。

この2つの要素はいずれも、「自分自身にマイナスの影響を及ぼす可能性を予想することで生まれる感情」と言えますが、繊細さんの場合は「心配」から来る影響がより強くなります。

心配することは、決して悪いことではありません。心配性な人は、「心配すること」が有効な問題解決の手段であると、ポジティブにとらえるという報告もあります。

しかし、ときに心配による不安が暴走してしまうこともあるのです。

重要なのは、心配することが問題解決につながるとはかぎらないということです。延々と不安を解決できない自分を予想し続けることは、心配を暴走させる原因となってしまいます。

そして暴走していることを考えないようにすればするほど、頭の中で心配が増えていきます。心配をコントロールしようという試み自体が、不安を増大させることになっているわけです。こうなってしまっては、収拾がつかない「心配のループ」に陥ってしまいます。

それでは、どのようにすれば不安に対処することができるのでしょうか。

ここで紹介するのは「セルフ・モニタリング」です。簡単に言えば「不安になることを拒否しないようにしてみましょう」というものですね。

心理学でよく使われる方法ですが、不安を正しくとらえてください。そのためには、自分の不安を言語化し、見える化することをおすすめします。

まずは日々の生活で感じた不安の、日時や状況を記録しましょう。さらに、その状況で頭に浮かんだ思考や体験した感情なども記しておくと、よりいいでしょう。その感情を単語や形容詞で具体的にし、その時の感情レベルを0点から100点で数値化します。

例えば、「日時…○○日○○時。状況…同期が先輩に怒られていた。思考…その先輩の指示のもとで行なっている作業で、自分も同じように怒られたらどうしよう……。　感情…心配 80点」というように書き出していきます。

記録する時は、不安を感じた出来事を思い出すことになるので、少しだけ勇気が必要かもしれません。しかし、この効果は抜群です。気持ちに余裕があるタイミングからでいいので、ぜひ試してみてください。

## アドラー心理学という考え方

アドラー心理学は、オーストリアの精神科医であるアルフレッド・アドラーが提唱した心理学の理論で、「個人心理学」とも呼ばれます。

また、アドラーは「自己啓発の父」と称されることもあります。それはアドラー心理学が、実践的なテクニックを紹介しているからでしょう。

アドラー心理学の書籍は多くあり、解釈もさまざまなので詳細は割愛しますが、ここでは繊細さんが生きやすくなるためのポイントとして、全体像だけお話しします。

アドラー心理学の注目すべき点は、「どうしたら幸せになれるのか」に焦点を当てていて、さらにそれが実践的であることです。

近代の心理学は、客観性が大事とされています。いわゆる、客観的データに基づいた根拠や裏づけというものですね。それに対してアドラー心理学は、根拠の正しさよりも、実際に人が元気に、幸せになることを目指しました。

そのような面もあり、アドラー自身は自分の心理学を「使用の心理学」と呼んでいたそうです。大前提として理解しておきたいのは、アドラー心理学はカウンセリングなどの治療において効果を高めるための考え方だということです。

アドラー心理学の中心的な理論は、「共同体感覚（仲間意識）」になります。

共同体感覚とは、次の3点によって成り立つとしています。

・自己受容…自分の良いところも悪いところも受け入れること

・他者信頼…周囲の人を信頼できること
・貢献感…周囲の人の役に立てている感覚

これらの要素が高まると共同体感覚が高まって、人は幸せを感じます。そしてこの3つの要素は、人が生まれつき持っていると考えました。

## 共同体感覚（仲間意識）を形作る理論と技法

アドラー心理学の中心的な理論として、「共同体感覚（仲間意識）」についてお話しました。この要素が高まれば人は幸せを感じるのですが、実際にはどうすればいいのでしょうか。アドラーは5つの理論（仮説）として説明しています。

・創造的自己…ほかの人や環境の影響に左右されるのではなく、自分自身の意志や選択によって人生を導いていく力を持っているという考え方
・目的論…人間の行動は過去の出来事によって決定されるのではなく、未来に向けた目的や目標によって動機づけられるという考え方
・主観主義…人それぞれの価値観、モノの見方、考え方が違うことを前提とした考え方

・対人関係論…すべての問題は対人関係に由来するという考え方
・全体論…人をこころ、体、社会的な側面が一体となった「全体」として捉え、その人全体を理解しようとする考え方

この理論と呼ばれる5つの要素は、「人はこうだ」と決めつけるのではなく、「こういう立場で考えてみると解決しやすいのでは」という仮説になります。
またアドラーは、それらを実践するために、「ライフスタイル」「ライフタスク」「勇気づけ」「リフレーム」「アサーション」「早期回想」という6つの技法も提案しています。

アドラーは、性格のことを「ライフスタイル」と表現しています。そして、わたしたちの行動は、ライフスタイル（性格）とライフタスク（状況・課題）の組み合わせによって決まると考えました。
この考え方は、性格の一貫性のなさをうまく説明してくれています。明るい人は、いつでも明るいというわけではなく、状況や課題に応じて変化するということです。

「勇気づけ」は、アドラー心理学においては相手を元気づけることであり、

褒めるや叱るなどの行為そのものではありません。
考えてみると、「よくやってるな。次も期待しているぞ」というはげましは、プレッシャーになってしまうこともあります。褒めるも叱るも本人がどう受け止めるかが重要であり、行った人の行為自体は問題としません。アドラーは伝えている側のエゴではなく、伝えられた側がどのように受け取るかが大切だとしています。

「リフレーム」とは物事の見方や解釈を変えることで、新たな視点から問題や状況を捉え直し、より前向きな行動や感情を引き出すという方法です。
例えば、自分は引っ込み思案であるという性格をネガティブにとらえた場合、それを改善していかなければと考えます。それをリフレームにより「これがわたしだから、そのままでいいんだ」と考えるようにすることで、無理して変えないようにするのです。

「アサーション」は、先の章でも紹介した「アサーティブ・コミュニケーション」と同じで、アサーティブ（率直・対等）な自己表現をするためのコミュニケーション方法。相手を傷つけないように要求を伝える言い方をしよう、というものです。

「早期回想」は、過去の経験をふり返り、とくに印象に残っている出来事や状況を回想することを指します。これらの記憶は、アドラー心理学において個人のライフスタイル（性格）を理解するための重要な手がかりとされていて、自己理解を深める1つの技法となっています。

これらの技法を理論（仮説）という考え方のもとで実行することで、アドラーの目指す共同体感覚（仲間意識）を高められる……つまり幸せを感じられるとなるわけです。

繊細さんは相手の感情の変化を敏感に察知できるがゆえに、相手に自分を合わせてしまいがちになるのではないでしょうか。アドラー心理学のように、自分を主体として「自分はこれがいいんだ」と自分の選択や状況に納得することができるようになれば、ポジティブに、勇気を持って生きていくことができると思っています。

## ポジティブに生きるということ

心理学には、「ポジティブ心理学」という分野があります。これは、わたしたちのより良い生き方（より良い働き方・より良い人との関わり方）を考えるという学問の分野です。
その中には、「強み（V－A）」というものもあり、次の6つの核となる美徳とその下位にまとめられた24の強みによって構成されています。

**1知恵と知識に関する強み**
①創造性　②好奇心　③向学心　④柔軟性　⑤大局観
**2勇気に関する強み**
⑥誠実さ　⑦勇敢さ　⑧忍耐力　⑨熱意
**3人間性に関する強み**
⑩親切心　⑪愛情　⑫社会的知能
**4正義に関する強み**
⑬公平さ　⑭リーダーシップ　⑮チームワーク
**5節制に関する強み**
⑯寛容さ／慈悲心　⑰慎み深さ／謙虚さ　⑱思慮深さ　⑲自己調整
**6超越性に関する強み**
⑳審美眼　㉑感謝　㉒希望　㉓ユーモア　㉔宗教性／スピリチュアリティ

これは、わたしたちがそれぞれの強みをどれほど持ち合わせてるいるのか、そしてその強みをどのように活かしていくかを整理して、うながすツールとして活用されています。

もちろん、ここで挙げている要素のすべてを強力に持っているような人はいません。強く持っている部分もあれば、弱い部分もあるのが当然です。ただ、私たちは弱い部分を強くしようと考えがちです。

それも1つの手段ですが、この本を最後まで読み進めてくれた繊細さんは、自分の弱いところばかりを見るのではなく、「自分のいいところを伸ばそう」「弱い部分も見方を変えれば強みになる」「少しでも前に進んでみよう」と前向きな気持ちになっているのではないでしょうか。

もちろん今すぐは難しくても、徐々にそうなってもらえるとうれしいです。

話しすぎちゃったかな…
明日、聞いてみよ…
ぐいっ

# おわりに

人とのコミュニケーションは「情報の伝達・共有である」と考えれば、とてもシンプルです。しかし、そのコミュニケーションも人づき合いの一部と考えると急に難しく感じてしまいますよね。その結果、つい返事が遅くなってしまったり、苦手意識を持ってしまうこともあります。

しかし、それと同時に人づき合いを完全に避け続けることも難しいものです。だからこそ、まわりにいる気の合う家族や友人、新たに出会った人を大切にしてほしいと思います。

また、私が好意（恋愛感情ではなく）を持つ人は、初対面の印象として距離感があっても、じんわりと徐々に打ち解けてくる人です。そのような人は内に強い好奇心や意志、こだわりを持っていて、それを伝えてくれる時の情報量や知識の深さに感銘を受けることがあります。

本書を手に取っていただいた方も、このタイプの方が多いのではないかなと想像しています。人づき合いが不安だったり、苦手意識を持つのも個性の1つです。もっと言えば、それらは強みにもなりえるものです。本書でご紹介したテクニックや考え方が、その一助になれば幸いです。

最後に、私が心理学に関わる知識を得たのは、研究からだけではありません。大切に育ててくれた親や兄たち、親戚、友人、同僚と一緒に過ごす中で、関わってきた経験からでもあります。人と関わることの素晴らしさに気づかせてくれ、自分が自分で居て良いと認めてくれた方々に深く感謝します。

また、私の大好きな、そして尊敬する渋谷昌三先生からは、これまでも多くを学ばせていただいています。感謝申し上げます。

そして、いつも新しい刺激（結構、おもしろい）で私をびっくりさせてくれる学生たちに感謝しています。

末筆にはなりますが、本書を執筆するきっかけをいただき、また編集の労をとってくださった白夜書房の長谷部さんと森田さんには深く感謝いたします。

本書を手に取ってくれたみなさんが、誠実な人に囲まれて、自分らしく生きられることを願っています。

2024年9月　藤巻貴之

魔法のように人づき合いがラクになる　繊細さんの心理学

2024年9月30日　第1刷発行

著者　藤巻貴之
編集人　坂田夏子
編集協力　長谷部達也、森田真悟
デザイン　大塚勤（Comboin）
カバーイラスト　オオツカユキコ
イラスト　時代はぶたちゃん。(@mtk_buta)/ふじいむつこ
発行人　森下幹人
発行所　株式会社白夜書房
〒171-0033　東京都豊島区高田3-10-12
電話　03-5292-7723（編集部）
03-5292-7751（営業部）
http://www.byakuya-shobo.co.jp/
製版・印刷・製本　三共グラフィック株式会社